Monika Murphy-Witt

Konsequente Eltern –
glückliche Kinder

südwest

Inhalt

Glückliche Kinder haben
verantwortungsvolle, konsequente
Eltern, die ihnen Orientierung geben

Verantwortung
akzeptieren

Erziehung macht
glücklich

Erziehungsfallen geschickt umgehen

Ein Kind kostet so viel wie ein Einfamilienhaus – ein Haus zu bauen ist jedoch ungleich einfacher als die Erziehung eines Kindes.

Stellen Sie sich vor, Sie wollen ein Haus bauen. Eines, das so richtig gut zu Ihnen und Ihrer Familie passt, das keinen Wunsch in Sachen Wohnen offen lässt. Was tun Sie? Klar, Sie überlegen genau, wofür Sie wie viel Platz brauchen, wie die Zimmer eingeteilt sein sollen. Dann klären Sie die Finanzierung und machen sich auf die Suche nach einem guten Bauplatz. Sie studieren Pläne und Bauzeichnungen, versetzen hier eine Wand und dort ein Fenster, wälzen Abende lang Prospekte von Küchenherstellern. Kurzum: Sie planen, immer Ihr Ziel genau vor Augen, auf Jahre im Voraus, stets bemüht, nichts dem Zufall zu überlassen, das Optimum für Sie und Ihre Familie herauszuholen und alle unangenehmen Überraschungen möglichst auszuschließen. Eine tolle Leistung, auf die Sie stolz sein können!

Doch nun mal ganz ehrlich: Haben Sie sich jemals ebenso viele Gedanken darüber gemacht, wie Sie Ihr Kind erziehen wollen, welche Ziele Sie dabei verfolgen, was Sie ihm auf jeden Fall mit auf seinen Lebensweg geben möchten? Nein? Schade! Denn die Kosten für ein Kind bis zur Vollendung seines 18. Lebensjahres sind nach Berechnungen von Experten zwar durchaus mit denen für ein Einfamilienhaus vergleichbar – die Aufgabe ist jedoch wesentlich komplizierter und verantwortungsvoller. Eine Aufgabe, mit der man sich intensiv und immer wieder neu auseinander setzen sollte. Gerade in unserer Zeit.

Kinder werden heute nicht mehr einfach nebenbei groß. Zu viel hat sich in unserer Gesellschaft verändert. Was kommt, wird gewickelt, hieß es noch vor gar nicht so langer Zeit. Wo zwei groß werden, klappt es auch mit dem Dritten. So locker sieht das heute kaum noch eine Familie. Omas, die lieber durch die Welt jetten, als sich um ihre

Enkel zu kümmern, enge Wohnungen und kinderfeindliche Lebensbedingungen, fehlende Betreuungsangebote und ständiger Zeit- und
Leistungsdruck, Job und Familie unter einen Hut zu bringen – Eltern
haben es heute wirklich nicht gerade leicht!

Nicht nur dass es an hilfreicher Unterstützung mangelt, auch der Alltag von Familien wird immer komplizierter: Fast Food und Bewegungsmangel, Markenkult und Konsumrausch, Werbefernsehen und
Gewaltvideos, Internet und Computerspiele, aggressives Verhalten
im Sandkasten und Mobbing in der Schule, Leseschwäche und Auf-
merksamkeitsdefizit, Essstörungen und Ecstasy – die Welt unserer
Kinder ist multiproblematisch geworden. Da braucht der Nachwuchs
schon eine gute Richtschnur, intensive Anleitung und unverrückbare
Markierungen, um seinen Weg zu finden. Die Verantwortung, die auf
Elternschultern lastet, ist groß. Die Anforderungen an Mütter und
Väter sind hoch, eher ein Fulltime-Job als eine Nebenbeschäftigung.
Da wächst man schon rein, meinen viele junge Elternpaare. Das wird
schon irgendwie laufen. Doch leider läuft allzu oft etwas schief. Immer
mehr Familien stecken im Erziehungsstress. Da nehmen die Probleme
schnell überhand, und Dauerzoff vergiftet die Atmosphäre zu Hause.
Jahr für Jahr nimmt die Nachfrage nach Erziehungsberatung zu. Und
immer mehr Familien können ihre Konflikte nicht mehr allein bewältigen.

Schon fordert die Bundesministerin für Familie, Senioren, Frauen und
Jugend, Renate Schmidt, »Familienkunde« als neues Schulfach. Eine
schöne Idee – für spätere Generationen. Für Sie alle, die jetzt ein Kind
erziehen, ist das jedoch wenig hilfreich. Sie müssen selbst aktiv werden. Sofort. Vor allem müssen Sie akzeptieren, dass Sie eine schwierige und verantwortungsvolle Aufgabe zu bewältigen haben – viel
schwieriger, als ein Haus zu bauen. Da wächst man nicht einfach so
rein! Dafür brauchen Sie dringend einen Plan und konkrete Ziele.

30 Prozent aller Eltern, schätzt Jugendforscher Professor Dr. Klaus Hurrelmann von der Universität Bielefeld, haben die Erziehung ihrer Kinder nicht mehr richtig im Griff. Tendenz steigend.

9

*Wer planlos durchs
Familienleben irrt,
tappt leicht in
eine Falle.*

Die sieben größten Erziehungsfallen

Überzogene Erzie-
hungsziele sind
gefährliche Fall-
stricke für Eltern.

Schon allein zum Selbstschutz sollten Sie sich mehr Gedanken über Ihre Erziehungsarbeit machen. Denn wer plan- und ziellos durchs Familienleben irrt, tappt ganz leicht in eine Falle. Auch überzogene und völlig unrealistische Ziele, die weder Ihre eigenen Bedürfnisse noch die Ihres Kindes widerspiegeln, sind gefährliche Fallstricke, mit denen Eltern schnell in einer Erziehungsfalle landen können. Und ist die Falle zugeschnappt, können Ärger, Frust und schlechte Stimmung zu Hause leicht zum Dauerproblem werden. Denn was sich vielleicht über Jahre hinweg in eine falsche Richtung entwickelt hat, lässt sich nicht von einem Tag zum anderen zum Besseren korrigieren. Dann müssen Sie sich schon ordentlich anstrengen, um Ihrem Familienleben eine neue Richtung zu geben und um die Beziehung zu Ihrem Kind von Grund auf zu erneuern und zu verändern. Meist sind dafür viel Arbeit, Kraft und Nervenstärke nötig. Viel Energie, die Sie für nettere Dinge einsetzen könnten. Gehen Sie deshalb nicht zu blauäugig an Ihre Elternaufgabe heran. Seien Sie auf der Hut. Damit Sie die größten Erziehungsfallen von Anfang an geschickt umgehen.

1. Die Supereltern-Falle

Als Philipp geboren wird, ist das Glück von Sonja (29) und Markus (31) perfekt. Ein Kind, das war genau das, was ihnen noch gefehlt hatte. Erfolg im Beruf, gutes Einkommen, schickes Haus am Stadtrand, netter Freundeskreis und jetzt als Krönung dieses Baby. Selbstverständlich gibt Sonja ihren Job auf, um sich ausschließlich und »richtig« um die Erziehung ihres Sohnes zu kümmern. Alles wird unter die Pädagogisch-wertvoll-Lupe genommen, und alles dreht sich nur noch um Philipp. Von der Krabbelgruppe bis zum Babyschwimmen wird er von Anfang an kontinuierlich gefördert. Musikalische Früherziehung, Englisch für Vorschulkinder, Mutter-und-Kind-Turnen ... Ist es nicht toll, was er schon alles kann? Bei jeder sich bietenden Gelegenheit präsentieren sich die stolzen Eltern, immer top gestylt, mit ihrem Superkind. Ganz schön peinlich, dass Philipp sich dabei meistens alles andere als perfekt benimmt ...

Das hoch gesteckte Ziel, absolut perfekt zu sein, tut niemandem gut – weder Eltern noch Kindern. Denn letztendlich tyrannisiert der Zwang zum Perfektionismus die ganze Familie. Mütter und Väter setzen sich selbst immens unter (Leistungs-)Druck. Und das geht natürlich auch an den Kindern nicht spurlos vorüber. Extrem hohe Ansprüche und Rundum-Förderung führen dann schnell zur Überforderung. Enge Grenzen und strikte Erwartungen schränken den Nachwuchs drastisch in seinen ureigenen Entwicklungsmöglichkeiten ein. Da bleibt kein Raum für individuelle Neigungen und Eigenarten, wenn sie nicht ins Bild der Superfamilie passen.

Auch Probleme haben hier keinen Platz. Deshalb werden sie geschickt unter den Teppich gekehrt oder einfach ganz ignoriert – so lange, bis

> Eltern, die alles nicht nur richtig, sondern supertoll machen wollen, machen gerade dadurch oft vieles falsch.

sie sich partout nicht mehr verdrängen lassen. Denn nicht selten sprengen gerade die viel gerühmten Superkids irgendwann alle ihre Fesseln und brechen komplett aus dem Bilderbuchklischee aus. So hecheln viele Mütter und Väter jahrelang dem Traum von der perfekten Familie hinterher, um irgendwann völlig gefrustet festzustellen, dass ihre Superbemühungen zum großen Teil umsonst waren.

Also Schluss mit dem Perfektionismus! Mehr Flexibilität, Gelassenheit und Toleranz sind angesagt. Eltern sind schließlich auch nur Menschen, und ihre Nervenstärke und Energie ist von der jeweiligen Tagesform abhängig. Eltern müssen nicht absolut perfekt sein. Und Kinder erst recht nicht. Auch kleine Macken können sehr charmant sein!

> Gerade die Superkids sprengen nicht selten ihre Fesseln und brechen aus dem Bilderbuchklischee aus.

2. Die Heile-Familie-Falle

Unser Kind soll es besser haben als wir. Das ist das Motto von Helga (31) und Joachim (32). Beide stammen aus sehr einfachen Verhältnissen. Helgas Eltern sind geschieden, zu Hause hat es immer viel Zank und Streit gegeben. Das soll Tochter Melanie (6) nicht erleben müssen. Da sind sich beide einig. So vermeiden sie jede Auseinandersetzung. Will Melanie etwas haben, bekommt sie es – auch wenn es den Eltern eigentlich zu teuer ist. Will Melanie etwas machen, darf sie es – auch wenn die Eltern nicht gerade begeistert davon sind. Nur keinen Zoff riskieren. Nur nicht die heile Welt durch ein Verbot aufs Spiel setzen. Pech, dass Melanie das gar nicht recht zu würdigen weiß. Ständig piesackt sie ihre Eltern, ist launisch und frech, und ihre Wünsche werden immer ausgefallener ...

Kein Wunder! Denn Kinder, die alles bekommen, was sie wollen, fordern ihre Eltern permanent heraus, jeden Tag aufs Neue. Weil sie jeden Konflikt scheuen, ziehen sich Eltern unter dem Vorwand der »heilen Familie« einen verwöhnten Haustyrannen heran. Solche Kinder wollen alles, und das sofort. Sie kennen keinerlei Grenzen, weil niemand ihnen welche setzt. Sie lernen weder zu streiten noch mit Konflikten konstruktiv umzugehen. Und sie finden bei ihren Eltern keine Orientierung und keinen Halt.

Eine Erziehung fürs Leben ist das nicht gerade. Schließlich ist in keiner Familie ständig Friede-Freude-Eierkuchen-Zeit. Streit gibt es überall einmal. Deswegen müssen Liebe und Respekt voreinander nicht auf der Strecke bleiben. Das sollten auch Kinder von klein auf lernen. Wer stattdessen das volle Verwöhn-Programm startet, tut damit weder sich selbst noch seinem Sprössling einen Gefallen.

Also Schluss mit Heuchelei und falscher Friedfertigkeit. Kinder brauchen keine heile, sondern eine lebendige Familie.

> Kinder wachsen an Konflikten. Sie bereichern ihr Leben mehr als teure Geschenke.

3. Die Nur-nicht-auffallen-Falle

Der Supermarkt ist für Annette (28) die reinste Folterkammer. Bei jedem Einkauf landen wieder Dinge im Wagen, die sie gar nicht kaufen will: Süßigkeiten, Chips, kleine Spielsachen. Ihre Söhne Jan (5) und Ole (8) kennen ihre Achillesferse einfach zu genau. Wenn Mama etwas nicht kaufen will, müssen sie nur laut werden, brüllen oder toben und schon gibt Annette mit hochrotem Kopf nach. Nur nicht auffallen! Am besten klappt die Nummer, wenn sich bereits Leute nach ihnen umschauen. Angestarrt werden ist Annette höchst peinlich. Das wissen ihre Söhne ganz genau ...

> Kinder, die alles dürfen, tanzen ihren Eltern bald auf dem Kopf herum.

Auch ein wunderbares Druckmittel für Kinder: Krach machen, weil Mama das Fernsehen verboten hat. Vielleicht gibt sie ja nach – aus Angst vor den Nachbarn?

Nachgiebigkeit aus Unsicherheit – ebenfalls keine gute Erziehungsstrategie. Auch hiermit ziehen sich Eltern nur ihre eigenen Haustyrannen heran. Denn kleine Leute haben ein sehr sensibles Gespür für die schwachen Stellen ihrer Eltern und nutzen dieses Wissen dann geschickt für ihre Interessen. Wer keinesfalls auffallen möchte, macht sich erpressbar. Und wer sich nur von der Meinung anderer abhängig macht, ist leicht zu beeinflussen und manipulierbar. Das haben die Kids schnell heraus. So werden Mütter und Väter im Handumdrehen zur formbaren Masse in den Händen ihrer eigenen Kinder. Ein Vorbild für ihren Nachwuchs sind sie so bestimmt nicht. Und Halt und Geborgenheit suchen Kinder bei solchen Eltern auch vergeblich.

Also Schluss mit der Angst, unangenehm aufzufallen, und der ewigen Anpasserei! Mehr Mut zum Aus-der-Reihe-Tanzen. Mütter und Väter, die selbstbewusst ihren Standpunkt vertreten, verschaffen sich Respekt – in ihrer Umwelt ebenso wie bei ihren Kindern. Und gegenseitiger Respekt ist immer eine gute Basis für Beziehungen, auch innerhalb der Familie.

Wer Kindergeschrei im Supermarkt nachgibt, macht sich erpressbar.

4. Die Ich-lasse-über-alles-mit-mir-reden-Falle

Ein striktes Nein, das gibt es bei Maren (34) und Jörg (36) nicht. Ihre Kinder sollen jederzeit ein Mitspracherecht haben. Gefällt Lara (7) und Oliver (9) eine Entscheidung ihrer Eltern nicht, müssen sie es nur sagen. Maren und Jörg lassen über alles mit sich reden: Fernsehen und Verabredungen, Hausaufgaben, Computerspiele und neue Klamotten. Meistens erreichen die Kinder dabei das, was sie wollen. Doch wenn nach endlosen Diskussionen Papa oder Mama doch irgendwann einen Schlussstrich zieht und bei der anfangs getroffenen Entscheidung bleibt, sind Lara und Oliver ganz schön sauer.

Wunderbar, wenn auch die Interessen der Kinder in der Familie voll berücksichtigt werden. Doch wenn jede Regel, jede Grenze, jede Aufgabe verhandelbar ist, gilt im Grunde gar nichts. Alles ist ständig im Fluss, abhängig von Lust, Laune und Tagesform. So wissen Kinder nie genau, woran sie sind. Eine solche Familiendemokratie fördert weder Selbstständigkeit noch Selbstbewusstsein. Im Gegenteil. Sie verunsichert Kinder und liefert sie im Endeffekt der Willkür der Erwachsenen aus. Denn letztlich sind es dann doch Mama und Papa, die entscheiden – und das vielleicht sogar recht autoritär, wenn die Zeit für Endlosdiskussionen fehlt. Dann wird der zuvor selbst ernannte Kumpel plötzlich zum Diktator, was Kinder schwer nachvollziehen können. Kein Wunder, wenn sie dann rebellieren und sich nicht an das halten, was über ihren Kopf hinweg bestimmt wurde.

Also Schluss mit Pseudodemokratie in der Familie und immer anderen Spielregeln! Eine klare Linie zeigt kleinen Leuten, wo es langgeht, und erspart den Großen nervige Auseinandersetzungen unter Zeitdruck und unliebsame Entscheidungen.

> Kinder, die es gewohnt sind, über alles zu diskutieren, werden Grenzen nicht akzeptieren, sondern sie hemmungslos überschreiten.

5. Die Nur-nicht-autoritär-sein-Falle

Grenzenlose Freiheit macht Kinder eher unfrei und unselbstständig als unabhängig und glücklich.

Wir wollen nie so werden wie unsere Eltern. Das stand für Elke (32) und Dieter (38) von Anfang an fest. Bloß nicht ständig etwas verbieten und mit Strafen drohen. Pausenlos hatten die Alten gemeckert, sie abgekanzelt und ihnen Schuldgefühle eingejagt. Da waren beide Elternhäuser gleich schlimm gewesen. Das wollen Elke und Dieter ihrer Tochter Ronja (8) auf keinen Fall antun. Antiautoritär soll es bei ihnen zu Hause zugehen. Also haben sie das Wort »Nein« komplett aus ihrem Wortschatz gestrichen. Regeln und Grenzen sind ihnen zuwider. Erlaubt ist, was Ronja gefällt. Der Fernseher steht zur freien Verfügung. So manches Mittagessen bleibt unberührt, weil das Kind lieber Cornflakes isst. Und auch wann sie Hausaufgaben macht und abends das Licht löscht, kann Ronja selbst entscheiden. Schließlich soll sie frei und selbstständig werden. Leider kommen in letzter Zeit immer häufiger Beschwerden aus der Schule. Und wenn die Eltern darüber mit ihrer Tochter reden wollen, knallt sie nur die Tür hinter sich zu ...

Eltern, die selbst in ihrer Kindheit unter zu viel Strenge gelitten haben, fallen gern ins genaue Gegenteil. Dabei merken sie meist nicht, dass ihre Kinder unter dieser laschen »Nicht-Erziehung« genauso leiden. Denn wenn Mama und Papa dem Nachwuchs grenzenlose Entscheidungsfreiheit einräumen, überfordern sie kleine Leute total. Sie können die Verantwortung für ihr Leben einfach noch nicht übernehmen. Und das macht eher unselbstständig als unabhängig. Eltern, die sich aus der Erziehung ganz heraushalten, machen es sich selbst bequem. Ihre Kinder halten sie jedoch oft für gleichgültig. »Denen ist es doch egal, was ich mache«, meinen viele. Die Folge: Sie versuchen

immer wieder, auf sich aufmerksam zu machen – leise durch schlechte Schulleistungen, Kopfschmerzen oder Essstörungen, laut durch
Streit, zappeliges oder aggressives Verhalten. So fordern sie ihre Eltern
permanent heraus, endlich Stellung zu beziehen, ihnen den Halt zu
geben, den sie dringend brauchen.

Also Schluss mit vermeintlich progressiver Grenzenlosigkeit und
bequemer Nichteinmischung! Kinder wollen erzogen werden. Dazu
gehört auch, dass sie lernen, eigene Entscheidungen zu treffen – aber
altersgemäß Schritt für Schritt und unter elterlicher Anleitung. Wer
sein Kind behutsam dahin führt, kann ihm irgendwann getrost volle
Entscheidungsfreiheit für seine eigenen Belange lassen.

Kinder müssen Schritt für Schritt und mit klaren Richtlinien lernen, eigene Entscheidungen zu treffen.

6. Die In-Watte-packen-Falle

Sie sind ja noch so klein.« Mit diesem Satz rechtfertigt Marga (35)
alles. So steht sie ständig parat, um ihren Kindern jede noch so win-
zige Aufgabe abzunehmen und sie rundherum zu umsorgen. Nie
würde sie Jonas (5) und Jule (7) auch nur eine Sekunde aus den
Augen lassen. Nicht einmal zum 50 Meter entfernten Spielplatz sollen sie ohne Mamas Begleitung gehen, und das, obwohl die Familie in einer ruhigen Sackgasse wohnt. Dafür ist Marga viel zu vorsichtig. So ist sie stets sofort zur Stelle, um Nasen zu putzen oder
das Stirnband wieder richtig über die Ohren zu ziehen. Jule bringt sie
auch nach einem Dreivierteljahr noch jeden Morgen zur Schule und
holt sie mittags wieder ab. Klar, dass das Mädchen sie dann den
ganzen Weg den Schulranzen tragen lässt. Und als neulich eine
Übernachtung in der Klasse geplant war, hat Jule so lange geschrien,
bis Mama sie um 23 Uhr nach Hause geholt hat ...

Überängstliches Gluckenverhalten verhindert, dass Kinder sich zu selbstbewussten Persönlichkeiten entwickeln können.

Eine behütete Kindheit ist etwas Wunderbares. Doch übervorsichtige Eltern, die ihre Kinder nur wie rohe Eier in Watte packen, stecken die Grenzen so eng, dass der Nachwuchs künstlich klein gehalten wird. Mütter, die wie eine eifrige Glucke ständig über Sohn und Tochter wachen, verhindern, dass Kinder ihre persönlichen Grenzen austesten, ihre ganz eigenen Erfahrungen machen und aus ihnen lernen können. Natürliche Neugier, Wissensdurst und Bewegungsdrang werden gebremst. Und wenn ihnen nicht einmal ihre Eltern etwas zutrauen, wie sollen Kinder dann Zutrauen zu sich selbst, also Selbstvertrauen entwickeln?

Die Folge: verunsicherte, ängstliche kleine Leute, die außerhalb der heimischen Versorgungszentrale nur schwer zurechtkommen. Denn sind sie erst einmal vom mütterlichen Rundum-Service abhängig, ist der Sprung in die Selbstständigkeit enorm schwer – und gegen den Willen einer überbehütenden Mutter kaum zu schaffen. Nicht selten gelingt es solchen Kindern gar nicht, sich vom Elternhaus abzunabeln. Dann setzen sie die Schwäche, die ihnen jahrelang zugeschrieben wurde, bewusst als Waffe ein, werden zu Paschas, die ihre Mütter gnadenlos scheuchen und tyrannisieren.

Kinder, denen die Mutter jeden Stein aus dem Weg räumt, fordern bald rote Teppiche.

Also Schluss mit übereifriger Fürsorglichkeit und einengendem Bemuttern! Kinder wollen die Welt entdecken und sich ausprobieren. Eine schützende Hand ist gerade heute sicher nicht ganz unwichtig. Doch statt zuzupacken und zu klammern, sollte sie besser in gebührendem Sicherheitsabstand verlässlich ausgestreckt warten.

7. Die Kinder-sind-kleine-Erwachsene-Falle

Sandkisten sind Isabel (33) ein Gräuel. Am Rand zu sitzen findet sie ziemlich stupide, und ihre Tochter Vanessa (4) saut sich meist so ein, dass die Waschmaschine kaum dagegen ankommt. Schade um die süßen Sachen aus der schicken Kinderboutique! Da geht Isabel mit ihrer Tochter doch lieber in der Stadt shoppen. Auch mit ihrer Freundin Nicole und deren Sohn Thorben trifft sich Isabel gern im Café zum Plaudern. Die Kinder beschäftigen sie dann nebenbei mit einem Puzzle oder einem kleinen Tischspiel. Bisher klappt das immer ganz gut. Auch wenn Isabel und ihr Mann Christoph (36) Vanessa Sonntag morgens zum Brunchen in ihr Stammlokal mitnehmen, stört sie die Freundesrunde nicht. Doch als Isabel und ihre Tochter sich neulich mittags mit Christoph bei dem neuen Szene-Italiener getroffen haben, ist Vanessa immerzu aufgesprungen und wild herumgerannt. Das ganze Essen war verdorben ...

Eine schützende Hand wissen Kinder sehr zu schätzen – um sie im Notfall jederzeit ergreifen zu können, aber nicht damit sie ständig nach ihnen greift.

Kinder sind nun mal keine kleinen Erwachsenen. Das vergessen Eltern leider manchmal. Vor allem wenn ihr Sprössling recht ruhig und angepasst ist und wenig Schwierigkeiten bereitet, muten sie ihm schnell eine viel zu große Portion Erwachsenenleben zu: Konsumglitzerwelten statt Platz zum Spielen, zubetonierte Lebensräume statt Naturerlebnisse, lärmende Restaurants statt gemütliche Mahlzeiten am heimi-

Auf dem Spielplatz toben, auf Bäume klettern, in Gummistiefeln durch den Matsch hüpfen: Kinder müssen ihren natürlichen Bewegungsdrang ausleben dürfen.

schen Esstisch, Erwachsenengespräche statt gleichaltrige Freunde. Das alles überfordert kleine Leute total. Sie können ihren natürlichen Bewegungsdrang nicht ausleben, dürfen sich nicht schmutzig machen, bekommen modische Kleidung, in der sie nicht herumtoben können, sollen still und leise in der Ecke sitzen. Wenn es gar nicht anders geht, werden sie vor den Fernseher oder einen Videofilm gesetzt. Dann stören sie wenigstens nicht mehr. So haben Eltern immer ein sauberes und adrett gekleidetes Kind im Schlepptau. Kinderfreundlich sind solche Lebensbedingungen jedoch absolut nicht. Da dürfen Mama und Papa sich nicht wundern, wenn ihr Sprössling irgendwann aus seinem goldenen Käfig ausbricht und endlich einmal Kind sein möchte. Also Schluss mit dem Zwang, den Mini-Erwachsenen spielen zu müssen! Kleine Leute werden schnell genug groß und mit der rauen Wirklichkeit konfrontiert. Gönnen wir ihnen so viele schöne Kindertage und Kindheitserlebnisse wie möglich. Lassen wir sie ihrem Alter entsprechend spielen, toben und sich auch mal schmutzig machen. Sich in der Welt der Erwachsenen zurechtzufinden müssen sie ohnehin früh genug lernen.

Auch wenn manche Eltern das gerne hätten: Kinder sind keine kleinen Erwachsenen.

Denkpause: Welcher Erziehungsstil liegt Ihnen am nächsten?

Haben Sie sich irgendwo wiedererkannt? Sind Sie vielleicht schon in eine dieser Fallen hineingetappt? Oder haben Sie die Gefahr gerade noch rechtzeitig erkannt? Hier noch einige Fragen zum Nachdenken über Ihren ganz persönlichen Erziehungsstil:

▶ Worunter haben Sie in Ihrer Kindheit am meisten gelitten? Was wollen Sie Ihrem Kind auf keinen Fall antun? Was wollen Sie anders/besser machen als Ihre Eltern?

▶ Wann haben Sie sich früher besonders wohl gefühlt? Woran denken Sie gern zurück?

▶ Wie waren die Grenzen in Ihren Kindertagen gesteckt? Wie haben Sie sie empfunden – also zu eng, unangemessen, unverrückbar, zu weit, lästig, beschützend?

▶ Wie war das Familienleben bei Ihnen zu Hause? Was hat Ihnen gefallen, was fanden Sie schrecklich?

▶ Wie wünschen Sie sich das Zusammenleben und den Alltag heute in Ihrer eigenen Familie? Lässt sich das realisieren? Woran hapert es?

▶ Was hat Ihnen als Kind geholfen, wenn Sie traurig waren oder Probleme hatten, Anforderungen Ihrer Eltern zu erfüllen?

▶ Welche Ansprüche stellen Sie an Ihr Kind, an Ihre/n Partner/in und an sich selbst?

▶ Muss bei Ihnen immer alles perfekt sein, oder können Sie auch mal ein Auge zudrücken und fünf gerade sein lassen?

Bewusst zu erziehen ist sinnvoller, als immer nur aus dem Bauch heraus zu entscheiden. Diese Fragen helfen Ihnen, sich Ihren persönlichen Erziehungsstil bewusst zu machen.

Denkpause: Welcher Erziehungsstil liegt Ihnen am nächsten?

▸ Wollen Sie über alles, was Ihr Kind macht und tut, gern die Kontrolle behalten? Oder wollen Sie es so wenig wie möglich kontrollieren? Lassen Sie es an einer sehr langen Leine laufen?

▸ Können Sie Ihr Kind loslassen, es auch mal anderen Betreuungspersonen anvertrauen?

▸ Können Sie akzeptieren, wenn Ihr Kind anders reagiert, als Sie es sich wünschen, und Probleme anders löst, als Sie ihm vorschlagen?

▸ Wie viel Zuwendung schenken Sie Ihrem Kind, wie viel körperliche Nähe und Streicheleinheiten, wie viel Zeit zum Reden?

▸ Wie oft erklären Sie Ihrem Kind Ihre Entscheidungen und von Ihnen aufgestellte Regeln?

▸ Wie selbstsicher sind Sie? Wie gut können Sie Ihren Standpunkt anderen gegenüber vertreten? Wie leicht lassen Sie sich durch die Meinung anderer verunsichern oder sogar zu etwas drängen, das Sie eigentlich gar nicht wollen?

▸ Wie vorsichtig sind Sie? Machen Ihnen immer wieder Ängste zu schaffen, oder vertrauen Sie darauf, dass schon alles gut gehen wird?

▸ Wie gut kennen Sie Ihr Kind, seine Stärken, seine Schwächen? Was meinen Sie, was es wirklich braucht, wovon es insgeheim träumt?

▸ Und was brauchen Sie selbst? Und wovon träumen Sie und Ihr/e Partner/in?

Nur wer ganz ehrlich seinen Erziehungsstil hinterfragt, kann in Zukunft Fehler vermeiden.

Genetik kontra Sozialisation: Eltern sind nicht überflüssig

Kevin braucht extrem wenig Schlaf, Luisa ist sehr still und zurückhaltend, und Tobias war von Geburt an ein Schreihals und ist es jetzt mit sechs Jahren immer noch. Kinder sind nicht wie Knetmasse – unbegrenzt formbar in den Händen ihrer Eltern. Darüber besteht heute wohl kein Zweifel mehr. Die »Tabula-rasa-These« ist vom Tisch. Denn die Ansicht vieler Sozialwissenschaftler, ein Kind käme als »leere Tafel«, als unbeschriebenes Blatt zur Welt, lässt sich spätestens seit den jüngsten Erkenntnissen der Genforschung und der Entschlüsselung des menschlichen Erbgutes durch das Human-Genomprojekt nicht mehr in dieser Ausschließlichkeit halten. Jeder von uns hat einfach sein genetisches Päckchen zu tragen, auch unsere Kinder. Nicht nur körperliche Merkmale und die Disposition für bestimmte Krankheiten, auch persönliche Stärken und Schwächen, besondere Begabungen, Intelligenz, Charaktereigenschaften und die wesentlichen Züge seines Temperamentes bringt ein Baby bereits mit, wenn es das Licht der Welt erblickt.

Doch das heißt noch lange nicht, dass damit das Leben bereits gelaufen und das Erbgut komplett dafür verantwortlich wäre, wer und wie unsere Kinder sind. Studien von Verhaltensgenetikern zeigen, dass unsere Gene etwa zur Hälfte unsere Intelligenz und unsere Persönlichkeit bestimmen. Nicht mehr und nicht weniger! Unsere Kinder sind keine Sklaven ihrer Gene. Aber sie sind von Anfang an auch keine komplett »leere Tafel«, kein völlig unbearbeiteter Klumpen Ton, sondern bereits ein genetisch vorgeprägter Rohentwurf, der auf seine weitere Ausformung wartet.

Ist das also unsere Chance als Eltern? Sind wir für diese andere, nicht genetisch beeinflusste Hälfte bei unserem Nachwuchs verantwortlich?

> Kinder kommen nicht als »unbeschriebene Tafel« zur Welt – sind aber auch keine Sklaven ihrer Gene.

23

Mit Sicherheit nicht komplett, behaupten biologisch orientierte Wissenschaftler wie der bekannte amerikanische Kognitionspsychologe Steven Pinker. Seiner Meinung nach überschätzen wir Eltern unseren Einfluss in der Erziehung reichlich. Noch drastischer hat es die amerikanische Psychologin Judith Rich Harris formuliert. In ihrem viel diskutierten Buch »Ist Erziehung sinnlos? Die Ohnmacht der Eltern« schreibt sie: »Wir sind als Eltern austauschbar wie Fabrikarbeiter.« Denn die eigentliche »Erziehung« unserer Kinder findet außerhalb des Elternhauses statt – in der Sandkiste, auf der Straße, in Jugendzentren und Cliquen. Die »Peers«, die gleichaltrigen Freunde unserer Kinder, seien es, die maßgeblichen Einfluss auf die Persönlichkeitsentwicklung der Kids hätten. Wir als Eltern seien da erzieherisch einfach machtlos!

Eltern gestalten das Umfeld

Vielleicht haben die Freunde unserer Kinder mehr Einfluss auf sie als wir Eltern – aber wir haben Einfluss darauf, welche Freunde unsere Kinder haben.

Wozu machen wir uns dann Gedanken über unsere Kinder? Sind wir denn gänzlich überflüssig? Keineswegs, behaupten dagegen Erziehungswissenschaftler wie Professor Howard Gardner von der Harvard Graduate School of Education. Schließlich seien wir Eltern es, die das Umfeld der Kinder gestalten und ihnen zu Hause bestimmte Werte vorleben. Und so würden wir entscheidend zur Auswahl der »Peers«, der Freunde unserer Kinder beitragen. So kommt Professor Gardner zu dem Schluss, »dass Eltern und Gleichaltrige wohl im Allgemeinen komplementäre Rollen haben: Eltern sind wichtiger, wenn es um Bildung, Disziplin, Verantwortlichkeit, Ordnung, Nachsichtigkeit und um den Umgang mit Autoritätsfiguren geht. Gleichaltrige sind wichtiger, wenn man lernt, wie man mit anderen kooperiert, wie man sich beliebt macht und wie man einen Stil im Umgang mit gleichaltrigen Mitmenschen entwickelt.« Klar, der Einfluss von Gleichaltrigen und Freunden auf unsere Kinder ist nicht zu leugnen. Untersuchungen am Deutschen Jugendinstitut in München haben sogar gezeigt, dass sich kleine Leute einen Großteil ihres Wissens und Könnens, vor allem soziale und kommunikative Fähigkeiten, außerhalb der Familie und der Schule in erwachsenenfreien Räumen und selbstorganisierten Gruppen aneignen. Doch Eltern, die Anteil am Leben ihrer Kinder nehmen, statt gleichgültig und desinteressiert wegzuschauen, sind auch hier nicht total machtlos. Wir können also, wie Hubert Wißkirchen von der Katholischen Fachakademie für Sozialpädagogik in München es in seinem Buch »Die heimlichen Erzieher« beschreibt, von drei Säulen ausgehen, auf denen die Persönlichkeitsentwicklung unserer Kinder beruht: Die erste Säule sind die Gene, mit denen ein Kind geboren wird. Die zweite Säule sind die Einflüsse der Sozialisation durch die Umwelt, vor allem durch die »Peers«. Und die dritte Säule sind unsere elterlichen erzieherischen Maßnahmen. Erst alles zusammen, untrennbar miteinander verbunden und sich gegenseitig stützend, macht aus unseren Kindern ganz unverwechselbare Persönlichkeiten.

> Die Persönlichkeitsentwicklung unserer Kinder beruht auf drei Säulen: den Genen, den Einflüssen der Umwelt und der elterlichen Erziehung.

Eltern sind weder machtlos noch an allem schuld

Lassen wir uns also nicht länger von einseitig orientierten Wissenschaftlern verunsichern und in die Enge treiben: Eltern sind keineswegs an allem schuld, wenn in der Erziehung etwas schief läuft. Auch wer sich krampfhaft bemüht, alles richtig zu machen, scheitert manchmal. Wir sind nie komplett allein verantwortlich für das, was aus unseren Kindern einmal wird. Aber wir sind auch nicht völlig machtlos und zum ohnmächtigen Zusehen verdammt! Wir sind eine der tragenden Säulen – und diese Rolle sollten wir gern zu spielen lernen. Ergänzen wir als Eltern also das starke Doppel-G der Gene und Gleichaltrigen durch unsere eigenen gewichtigen Gs: Grenzen und Geborgenheit,

Kinder brauchen starke Eltern. Aber stark sind nur Eltern mit klaren Überzeugungen.

Gemeinsamkeit, Geradlinigkeit, Geduld und vor allem das Geschenk unserer Liebe. So gelingt es uns mit Sicherheit, aus dem »Rohentwurf« unseres Kindes eine stabile Grundform zu modellieren, deren individuelle Schnörkel und Verzierungen sich mit der Zeit durch Umwelteinflüsse ausbilden können.

Standpunkt beziehen: Klarheit siegt

Ohne Erziehung durch uns Eltern geht es also nicht! Keine Chance, sich da aus der Verantwortung zu stehlen. Und damit unsere Bemühungen auch durch Erfolge gekrönt sind, müssen wir schon fest mit beiden Beinen im Alltagschaos stehen. Nur so können wir allen Turbulenzen standhalten und den Kurs beibehalten, den wir steuern wollen. Nur so sind wir der Fels in der Brandung, der Stärke, Zuverlässigkeit und Schutz ausstrahlt. Nur so können wir unseren Kindern Orientierung bieten in ihrer täglichen Auseinandersetzung mit ihrer gewaltigen Umwelt.

Doch so ein Fels in der Brandung können wir nur sein, wenn wir selbst genau unseren Platz im Leben kennen. Einen klaren Standpunkt beziehen, muss demnach die Devise für uns Eltern lauten. Fest, unverrückbar, konstant. Ein Standpunkt, den Kinder ebenfalls zu ihrem machen oder an dem sie sich reiben, von dem sie sich distanzieren können. Das signalisiert Kindern Stärke. Die Stärke, nach der sie jeden Tag aufs Neue suchen – gerade heute. »Kinder brauchen starke Eltern«, fordert auch Dr. Margot Käßmann, sozial engagierte Bischöfin der Evangelisch-lutherischen Landeskirche Hannover und selbst Mutter von vier Töchtern, in ihrem Buch »Erziehen als Herausforderung«. Und sie ergänzt: »Aber nicht Stärke im Sinne von Durchsetzungsvermögen gegenüber ihren Kindern ist gemeint; stark sind Eltern mit klaren Überzeugungen.«

Klarheit heißt also die Zauberformel in der Erziehung. Klarheit siegt! Denn wer einen klaren Standpunkt hat, kann ihn auch konsequent vertreten, ohne zu wackeln und zu wanken. Und konsequente Eltern sind nicht nur erfolgreich in ihren erzieherischen Bemühungen – sie haben auch glückliche, zufriedene und starke Kinder. Grund genug, dass Sie als Eltern sich wirklich Gedanken darüber machen, wo genau Sie selbst im Leben stehen. »Wer Kinder erzieht, wird der Frage nach den eigenen Lebensgrundlagen nicht ausweichen können«, meint Dr. Margot Käßmann. Schaffen Sie sich selbst deshalb Klarheit: über Ihre eigenen Werte, Ziele, Pläne und Träume. Je klarer Ihnen Ihr eigener Standpunkt wird, desto eher werden Sie für Ihr Kind der Fels in der Brandung werden, den es braucht, um glücklich zu sein.

Fazit

▶ Kinder werden heute nicht mehr nebenbei groß. Sie brauchen dringend Orientierung, um sich in unserer immer komplizierter werdenden Welt zurechtzufinden. Wir Eltern müssen eindeutig die Verantwortung für ihre Erziehung übernehmen.

▶ Wer versucht, sein Kind ohne Plan und Ziel zu erziehen, landet leicht in einer Falle. Um da wieder herauszukommen, brauchen Sie viel Kraft und Energie.

▶ Eltern sind nicht an allem schuld, aber sie sind auch nicht machtlos in der Erziehung.

▶ Die Persönlichkeitsentwicklung eines Kindes wird durch drei Dinge bestimmt: seine Gene, Gleichaltrige in seiner Umwelt und die Erziehung durch seine Eltern.

▶ Nur wer einen klaren Standpunkt im Leben hat, signalisiert Stärke und kann Kinder konsequent erziehen.

▶ Konsequente Erziehung macht Kinder glücklich.

Nur Eltern, die wissen, wo sie selbst im Leben stehen, können ihren Kindern gegenüber einen klaren Standpunkt einnehmen.

Um glücklich zu sein, brauchen Kinder
gute Rahmenbedingungen

Grundsteine
legen

Was brauchen Kinder,
um glücklich zu sein?

Ein Bündel verschie-
dener Glücksfakto-
ren bietet Ihrem
Kind einen Rahmen
für seine persönliche
Entwicklung. Eine
gute Basis, auf der
Sie als Eltern aufbau-
en können.

Die fünf Glücksfaktoren

»Glücklich zu sein ist eines der besten Mittel, um ein guter Mensch zu werden«, schrieb der amerikanische Dramatiker und Literaturnobelpreisträger Eugène O'Neill. Wunderbar, werden Sie als Eltern jetzt denken! Dann müssen wir ja nur dafür sorgen, dass unser Kind glücklich ist – und schon läuft alles wie von selbst. Toll, wenn es so einfach wäre. Doch was brauchen Kinder heute, um glücklich zu sein? Nuss-Nougat-Creme zum Frühstück, die elfte Barbiepuppe, Markenklamotten und am Wochenende Action-Freizeitparks? Wohl kaum – auch wenn die Kids selbst das manchmal so darstellen.

Klar: Kinder brauchen heute mehr als Luft und Liebe. Auch Essen und Fernsehen allein reichen noch nicht aus, um kleine Leute glücklich und zufrieden zu machen. Dazu gehört schon ein ganzes Bündel verschiedener Glücksfaktoren, die ganz grundlegende und natürliche Bedürfnisse von Kindern befriedigen.

1. Zeit und Raum – je mehr, desto besser

Kinder und Uhren passen einfach nicht zusammen. Denn während die einen im immer gleichen Tempo unbarmherzig voranschreiten, halten kleine Leute liebend gern mal inne, um das zu genießen, was der Augenblick zu bieten hat. So vergessen sie schnell alles um sich her ohne das geringste Gefühl für den Takt der Zeit. Für uns Erwachsene oft eine Katastrophe! Prall gefüllte Terminkalender, enge Zeitpläne und ellenlange To-do-Listen – da bleibt keine Sekunde zum Verschnaufen. Eile, Hektik, Hetze und Stress gehören zum Zeitgeist unserer hyperaktiven, schnelllebigen Gesellschaft. Wir hüpfen von einem Event zum nächsten. Nur nichts verpassen! So treiben wir auch unsere Kinder ständig an: »Nun beeil dich doch endlich mal! Flotti, flotti, wir sind spät dran!« Und wundern uns dann, wenn unsere Kinder deshalb zappelig, unruhig, laut und unzufrieden sind …

Kinder brauchen einfach Zeit. Zeit zum Spielen und Toben, zum Träumen, Trödeln und Löcher-in-die-Luft-Starren. Zeit, die nicht von morgens bis abends verplant ist. Zeit, die sie nach Lust und Laune nutzen können, ungestört, allein oder mit anderen Kindern und ab und zu auch ohne pädagogisch wertvolle Vorgaben. Beobachten Sie Ihren Sprössling mal, wenn er, ganz in sein Spiel vertieft, auf dem Teppich liegt. Sein Gesichtsausdruck spricht garantiert Bände! Im Hier und Jetzt leben zu können, ohne ständig von Eltern auf der Suche nach der verlorenen Zeit gehetzt zu werden – das fördert Kreativität, strategisches Denken und Fantasie. Und das macht Kinder glücklich.

Bewegung – Balsam für Gehirn und Seele

Zeit ist also ein wichtiger Glücksfaktor. Ebenso wie Raum. Platz zum Spielen, Toben und Entdecken. In engen Wohnungen und zubetonierten Städten heute leider keine Selbstverständlichkeit mehr. Kein Wunder, dass unsere Kinder durch den Bewegungsmangel immer schlapper werden. Erst kürzlich hat eine bundesweite Studie des Instituts für Sport und Sportwissenschaften der Universität Karlsruhe gezeigt, dass die Fitness deutscher Schulkinder arg zu wünschen übrig lässt. Motorik, Ausdauer, Kraft und Beweglichkeit haben sich bei ihnen im Vergleich zu Tests im Jahr 1980 um 13 Prozent verschlechtert. Immerhin 16 Prozent der Schüler macht Übergewicht zu schaffen. Und über 40 Prozent der Kids haben aufgrund mangelnder Bewegung Probleme, sich zu konzentrieren. Denn Laufen, Springen, Schaukeln, Klettern und Balancieren trainieren nicht nur den Körper, sondern formen auch das Gehirn.

Sich draußen – am besten in der Natur – zu bewegen fördert die geistige Entwicklung und Gesundheit kleiner Leute. Leider spielt fast ein

Kinder brauchen Zeit und Raum zum Spielen und Toben, zum Träumen, Trödeln und Entdecken.

Kinder, die naturnah aufwachsen, haben, wie eine amerikanische Studie gezeigt hat, eine bessere Konzentrationsfähigkeit als Kids, die ohne Garten, Bäume und Grünflächen leben müssen.

Drittel der Sechs- bis Zehnjährigen nur höchstens einmal in der Woche im Freien. Und wer diese Zeit dann auch noch an einer viel befahrenen Straße oder auf einem öden Innenhof verbringen muss, profitiert kaum davon. Ebenso wenig wie von sterilen Spielwelten in supertollen Fun- und Freizeitparks. Ab und zu sind sie garantiert der Hit. Doch Kids, die nichts anderes kennen lernen, sind ganz schön arm dran. Denn wer von klein auf wenig Bewegungserfahrungen sammelt, wird schnell zum Bewegungsmuffel, dem das Gefühl für seinen eigenen Körper ebenso fehlt wie ein gesundes Selbstbewusstsein.

Kinder brauchen Raum zum Bewegen, ohne immer gleich wieder abbremsen zu müssen. Sie brauchen Bäume zum Raufklettern, Hügel zum Runterkullern und Pfützen zum Drüberspringen. Sie brauchen Weite, um auch mal bis zum Horizont sehen zu können, und Platz, um beim Laufen wenigstens ab und zu mal richtig außer Atem zu kommen. Dann fühlen sie sich in ihrem Körper rundherum wohl.

Das tut Ihrem Kind gut

▸ Schenken Sie Ihrem Kind so oft wie möglich Freiräume – zeitliche ebenso wie räumliche.

▸ Streichen Sie alle Termine aus dem Kalender, die für Sie und Ihr Kind nicht absolut notwendig sind. Gönnen Sie ihm unverplante, freie Zeit – für sich allein zum Vertrödeln oder mit Ihnen zusammen zum Reden, Spielen, Schmusen. Genießen Sie die gemeinsame Zeit.

▸ Lassen Sie sich von vermeintlichen Terminzwängen nicht tyrannisieren. Das meiste ist längst nicht so wichtig, wie es auf den ersten Blick erscheint. Und für kleine Leute ohnehin nicht: Was in einem Augenblick dringend notwendig war, ist im nächsten schon vergessen. Seien Sie äußerst wählerisch – für sich selbst und für Ihren Sprössling. Die Zeit ist kostbar – auch die Ihres Kindes.

▸ Streichen Sie Sätze wie »Beeil dich!« und »Nun komm schon!« so weit wie möglich aus Ihrem Wortschatz. Entschlacken Sie stattdessen lieber Ihren eigenen Tagesplan, um dadurch Zeit zu gewinnen und Stress abzubauen.

▸ Verplanen Sie nicht jedes Wochenende restlos mit einem Rund-um-die-Uhr-Programm. Gemeinsame Aktivitäten mit der ganzen Familie sind toll. Zusammen aber nur mal die Seele baumeln zu lassen tut Ihnen allen auch sehr gut.

▸ Gönnen Sie sich gerade am Wochenende und in den Ferien möglichst bewegungsreiche und naturnahe Familienaktionen: Fahrradtouren und Waldspaziergänge, Fußball spielen auf einer Wiese, in einem Badeteich schwimmen, am Strand entlang laufen und auf einen Berg klettern.

▸ Lassen Sie Ihren Sprössling seinen natürlichen Bewegungsdrang ausleben, und geben Sie ihm möglichst viele Gelegenheiten dazu. Kinder können nicht lange ruhig und still in einer Ecke sitzen. Wer das von ihnen erwartet, überfordert sie total.

▸ Sorgen Sie dafür, dass Ihr Kind sich jeden Tag mindestens einmal in Bewegung setzt. Vielleicht kann es mit dem Fahrrad zur Schule fahren statt mit dem Bus, vielleicht mit dem Hund spazieren gehen.

▸ Nutzen Sie das breite Angebot der Sportvereine. Helfen Sie Ihrem Kind dabei, eine Sportart zu finden, die ihm Spaß macht. Unterstützen Sie dies, so gut Sie können, loben Sie Ihren Sprössling für seine Fortschritte, und spornen Sie ihn dazu an, nicht vorschnell aufzugeben.

▸ Seien Sie selbst auch Vorbild in Sachen Aktivität. Wer zum Brötchenholen um die Ecke mit dem Auto fährt, kann von seinem Sprössling kaum erwarten, dass er sich zu Fuß auf den Weg macht.

▸ Motivieren Sie Ihr Kind dazu, auch bei schlechtem Wetter und vor allem bei mieser Stimmung nach draußen zu gehen. Kleine Leute merken schnell, dass gerade dann Bewegung in frischer Luft besser für sie ist, als in ihrem Zimmer zu hocken.

> Verbringen Sie am Wochenende möglichst viel gemeinsame Zeit mit Ihrem Kind – vor allem wenn unter der Woche wenig Gelegenheit dafür war. Gemeinsamkeit bedeutet aber nicht nur Freizeit-Action rund um die Uhr.

Wenn Kinder die Welt nur als Retorte aus dem Fernsehen kennen, fehlen ihnen wichtige sinnliche Erfahrungen, die sie für ihre Entwicklung brauchen.

2. Anregungen und Kontakte – der richtige Mix macht's

Kinder werden als Forscher geboren. Sie sind unglaublich neugierig und kreativ, wollen allem auf den Grund gehen, die Welt um sich herum entdecken und sie sich Stück für Stück aneignen. Pech für sie, dass unsere automatisierte Hightech-Gesellschaft heute so wenig Möglichkeiten dazu bietet! So wird so mancher Forschergeist gebremst, bevor er sich richtig entfalten kann. Zwar bringen Fernsehen und Internet schon kleinen Kindern das ganze Universum ins Wohnzimmer. Doch wer das Leben nur aus bunten Retortenbildern kennt und, statt handfeste Erlebnisse zu machen, nur die Tasten der Fernbedienung drückt, lernt die wirkliche Welt kaum kennen. Schade! Denn so fehlen Kindern oft wichtige sinnliche Erfahrungen, die sie für die Entwicklung ihrer Motorik, ihres Gleichgewichts und ihrer Körperwahrnehmung dringend brauchen. Und wer in seinem Körper nicht richtig zu Hause ist, sich in seiner Haut nicht wohl fühlt, kommt mit sich selbst und seiner Umwelt nur schlecht zurecht. Keine gute Voraussetzung für eine glückliche Kindheit!

Nahrung für Geist und Sinne

Kinder brauchen vom ersten Tag an nicht nur ausgewogene Nahrung für ihren Körper, sondern auch für Geist und Sinne. Nur so kann ihr Gehirn sein selbst gesteuertes Entwicklungsprogramm optimal absolvieren. Anfangs sind es vor allem grundlegende Reize des Tast- und Gleichgewichtssinns und der Tiefenwahrnehmung, deren Informationen zum Beispiel beim Greifen, Schaukeln und Drehen die 100 Milliarden Nervenzellen miteinander verknüpfen und so ein gigantisches Netzwerk im Gehirn konstruieren. Mit der Zeit brauchen kleine Leute dann aber immer komplexere Entdeckungen und Erfahrungen, um ihren hungrigen Geist zu sättigen. Gehirnforscher wissen, dass das Gehirn unserer Kinder in ihren ersten zehn Lebensjahren entscheidend geprägt wird. Wenn sie in dieser Zeit mit möglichst vielen Dingen ganz unterschiedlicher Art in Kontakt kommen, entstehen wertvolle Nervenverbindungen, an die sie später anknüpfen können. So fällt ihnen das Lernen leichter, ihre grauen Zellen sind einfach flexibler.

Im Sand matschen und Gemüse klein schneiden, Vogelgesang lauschen und im Freien übernachten, trommeln und einen Nagel einschlagen, eine Uhr auseinander nehmen und Kuchenteig kneten, das Wetter beobachten und erste Surfversuche im Internet machen – es gibt unendlich viel, was Kinder ausprobieren und mit Pioniergeist erforschen können. Vorausgesetzt, wir Eltern geben ihnen Gelegenheit dazu und suchen nach immer neuen »Futterquellen« für neugierige Köpfe. Und vorausgesetzt, wir hindern sie nicht daran, ihren Wissensdrang auszuleben – weder durch eine übervorsichtige Grenzziehung noch durch unsere eigene Bequemlichkeit oder übereifrige Hilfsangebote, die die Selbstständigkeit unserer Kinder untergraben.

Kontakte bringen neue Erfahrungen

Kinder wollen keine fertigen Lösungen, sie brauchen ihre eigenen Erfahrungen, um sich in der Welt einzurichten. »Welteinwohnen«, »Weltwissen sammeln« nennt die Frankfurter Jugendforscherin Donata Elschenbroich das. Das Geheimnis dabei: »Im Kind die Kraft zu bestärken, sein eigener Lehrer zu sein«, so die Autorin des bekannten Buches »Weltwissen der Siebenjährigen«. Denn: »Von Null anfangen können, das braucht Kraft, und es erzeugt Kraft. Eigene.« Und das macht Kinder zufrieden und glücklich!

Doch sind wir Eltern damit nicht etwas überfordert? Keineswegs. Denn schließlich müssen wir die Rolle des Weltwissen-Informanten für unsere Kinder ja nicht allein übernehmen. »Das menschliche

In den ersten zehn Lebensjahren wird das Gehirn unserer Kinder entscheidend geprägt. Deshalb brauchen sie in dieser Zeit besonders vielfältige Angebote für Körper, Geist und Sinne.

*Kontakte zu anderen
Menschen bringen
»Weltwissen«.*

*Nicht nur die Eltern,
auch Nachbarn, Ver-
wandte und Freun-
de können Kindern
Welterfahrung ver-
mitteln.*

Gehirn lernt gern von anderen Menschen. Nicht die biologische Mutter muss es sein«, beruhigt Donata Elschenbroich.

Deshalb brauchen Kinder Kontakte, nicht nur zu Dingen, auch zu
Menschen, kleinen wie großen. Kontakte, die auch schon früh über die
eigene Familie hinausgehen, vielleicht sogar über die eigene Kultur.
Eine Chance, die Reisen und unsere multikulturelle Gesellschaft unse-
ren Kindern heute bieten. Da ist die ältere Nachbarin, die wunderbar
Klavier spielen kann. Oder der junge Mann um die Ecke, der in seiner
Garage eine tolle Werkstatt eingerichtet hat und gern den Umgang
mit Werkzeug erklärt. Da ist die türkische Familie eines Klassenka-
meraden, die himmlisch süße Kuchen backt und damit das Ende des
Ramadan feiert. Fantastische Erfahrungen für kleine Leute!

Vor allem aber brauchen Kinder Spielgefährten, gleichaltrige ebenso
wie jüngere und ältere. Gemischte Kindercliquen, spontan in der
Nachbarschaft zusammengewürfelt, selbst organisiert und ohne
ständige Beschäftigungsprogramme und Beobachtung durch elterliche Argusaugen. Leider gibt es solche Gruppen heute kaum noch.

Schade! Denn sich zusammen mit anderen eigene Spielregeln auszudenken, in immer wieder neue Rollen zu schlüpfen, Streitigkeiten
selbst zu regeln, Geheimnisse zu hüten, Freundschaften fürs Leben
oder zumindest für die Sommerferien zu knüpfen – das sind soziale
Erfahrungen pur. Das ist pralles Kinderleben, das, auch wenn's mal
Zoff gibt, rundherum glücklich macht.

Im Umgang mit Gleichaltrigen lernen Kinder die Spielregeln des sozialen Miteinanders.

Das tut Ihrem Kind gut

▶ Schenken Sie Ihrem Kind eine breite Palette an unterschiedlichen
Angeboten und Anregungen: Erfahrungen mit allen Sinnen und Naturerlebnisse ebenso wie das Erkunden technischer und naturwissen-
schaftlicher Phänomene, den Kontakt mit Kunst, Musik, Theater,
Büchern und den neuen Medien sowie handfeste alltägliche und
handwerkliche Aktivitäten in Küche, Garten und Hobbywerkstatt.

▶ Regen Sie Ihr Kind zum Werken, Basteln und Experimentieren an.
Geben Sie ihm verschiedene Materialien wie Papier, Holz, Korken,
Wollreste, Watte, Folie und für sein Alter geeignete Werkzeuge.

▶ Tolerieren Sie den Forscherdrang Ihres Kindes. Hindern Sie es nicht
daran, seinem Alter gemäß eigene Entdeckungen machen zu können
und selbstständig, auch ganz ohne Ihre Hilfe, etwas auszuprobieren.

▶ Lesen Sie oft gemeinsam: Sachbücher, Geschichten, Gedichte. Wenn
Sie vorlesen, versteht Ihr Kind schon früh recht anspruchsvolle Inhal-
te. Sprechen Sie anschließend zusammen darüber.

▶ Unternehmen Sie, wann immer es machbar ist, gemeinsam mit
der ganzen Familie »Bildungsausflüge«: in den Wald, in Museen, in Tier-
parks, Ausstellungen, naturwissenschaftliche Einrichtungen, botani-
sche Gärten, zu Theateraufführungen und in Konzerte.

▶ Akzeptieren Sie die ganz persönlichen (Wissens-)Bedürfnisse Ihres
Sohnes oder Ihrer Tochter. Wenn Sie selbst kein Pferdenarr oder Astro-
nomie-Freak sind, knüpfen Sie Kontakte zu solchen Experten. Akzep-

Der Alltag zu Hause
in der Familie ist für
Kinder der wich-
tigste Lernort des
Lebens.

tieren Sie aber auch jederzeit, wenn Ihr Kind zu etwas keine Lust mehr hat. Der Maßstab für alles müssen die Interessen Ihres Sprösslings sein, nicht Ihre eigenen unerfüllten Kindheitsträume.

▸ Fördern Sie die Stärken und Talente Ihres Kindes, und helfen Sie ihm, seine Schwächen gezielt auszugleichen.

▸ Sorgen Sie für Spielgefährten – wenn möglich nicht nur für gleichaltrige, sondern auch für jüngere und etwas ältere.

▸ Geben Sie Ihren Sohn oder Ihre Tochter schon früh in Kindergruppen, am besten in altersgemischte. Aber lassen Sie kleinen Leuten, wenn sie älter werden, auch die Chance, sich zu völlig unorganisierten Cliquen in der Nachbarschaft zusammenzuschließen.

▸ Ermöglichen Sie Ihrem Sprössling schon früh den Kontakt zu anderen Menschen unterschiedlichen Alters außerhalb Ihrer eigenen Familie, wenn möglich auch zu Menschen aus anderen Kulturkreisen mit anderer Hautfarbe, Sprache und Lebensweise.

3. Alltagsleben und Struktur – je geordneter, desto lieber

Endlich Wochenende! Mit diesem Ausruf werden unsere Kinder groß. Alltag ist langweilig, öde, trist, beschwerlich. Nur die freien Tage, die Ferien zählen. Darauf wird hingearbeitet. Immer wieder versuchen wir, aus dem Alltag zu entfliehen. Ständig sind wir auf der Suche nach dem Besonderen, dem Kick. An die alltäglichen Kleinigkeiten verschwenden wir keinen Gedanken und keine Sorgfalt mehr. Doch für Kinder ist erst einmal der Alltag in der Familie die Welt, in der sie sich richtig einquartieren können und in der sie zu Hause sind. »Der Alltag ist der wichtigste Lernort des Lebens, und die Dinge darin sind wichtige Lehrmeister«, meint die Jugendforscherin Donata Elschenbroich. Grund genug für uns Eltern, den Alltag mehr zu würdigen!

Meist sind es die einfachen Dinge des Lebens, die Kinder glücklich machen.

Der Alltag ist das wahre Leben

Kinder brauchen das Normale, nicht immer nur die Ausnahmen. Sie brauchen Alltagserfahrungen, banale Alltäglichkeiten statt strahlende Highlights. Zusammen das Essen vorbereiten und gemeinsam verspeisen, einkaufen gehen und aufräumen, spielen und vorlesen, im Garten den Rasen mähen, für den Besuch von Oma einen Kuchen backen und auch mal einen langweiligen Nachmittag aushalten können – das macht Familienleben aus. In diesen Dingen spielt sich das wirkliche Zusammenleben mit unseren Kindern ab. Vertrösten Sie sie und sich selbst also nicht immer nur aufs Wochenende oder den nächsten Urlaub. Schenken Sie Ihrem Alltag wieder etwas mehr Beachtung. Er ist nicht nur das lästige Pflichtprogramm. Für unsere Kinder ist er das wahre Leben. Ein Alltag zum Wohlfühlen, jeden Tag 24 Stunden lang, das macht kleine Leute satt und glücklich.

Nicht der Wochenendtrip in den High-tech-Erlebnispark macht das Familienleben aus, sondern Alltäglichkeiten wie gemeinsames Tischdecken und Essen.

Strukturen geben Sicherheit

Wichtig dabei: Ordnung statt Chaos. Das gibt es draußen in unserer Gesellschaft schon genug. Kinder brauchen klare Strukturen und einen festen Rhythmus im Alltag. Sie brauchen keinen spontanen Aktionismus, sondern regelmäßige, möglichst immer gleich bleibende Tages- und Wochenabläufe und konstante Familienrituale, die sie durch den Tag, die Woche und das Jahr begleiten: feste Essens- und Schlafenszeiten, Hausaufgaben nach dem Mittagessen, Aufräumen vor dem Abendbrot, jeden Donnerstagnachmittag zum Fußballtraining, samstags vormittags mit Papa zum Markt, eine Geschichte vor dem Schlafengehen, zum Geburtstag einen Kuchen mit Kerzen, zum ersten Advent die Krippe aufstellen und Heiligabend nach der Kirche Kartoffelsalat und Würstchen.

Solche immer wiederkehrenden Fixpunkte helfen Kindern, sich selbst zu organisieren und selbstständig zu werden. Aber vor allem geben sie kleinen Leuten Orientierung, Halt und Geborgenheit. Sie sorgen für das nötige Quantum an Stabilität, die Kinder heute in unserer schnelllebigen Zeit so oft schmerzlich vermissen: Trennungen in den Familien, Scheidungen, neue Partner, Umzüge vom einen Ende Deutschlands ans andere, Sandkistenfreunde, die plötzlich in England leben, wechselnde Lehrer, und sogar im Supermarkt steht heute nichts mehr da, wo es noch gestern war. Wenn die Welt »draußen« sich schon ständig über Nacht verändert, muss wenigstens der Alltag in der Familie eine konstante und gut kalkulierbare Größe sein. Etwas, worauf Kinder sich verlassen können, was sie kennen und gut einschätzen können. Damit sie genau wissen, wo sie hingehören, wo sie sicher und geborgen sind. Nur wer einen solchen starken Rückhalt hat, kann sich auf unbekannte Abenteuer einlassen. Denn er weiß, dass er stets auf sicheren Boden zurückkehren kann. Das gibt Kindern Sicherheit, macht sie selbstbewusst und glücklich.

Feste Rituale und gleich bleibende Tages- und Wochenabläufe geben Kindern die nötige Sicherheit im Leben.

Das tut Ihrem Kind gut

▶ Versuchen Sie, jeden Tag etwas gemeinsam mit Ihrem Kind zu machen. Das müssen keine ausgefallenen Aktionen sein. Zusammen Salat fürs Mittagessen putzen und dabei über die Schule oder das neue Computerspiel plaudern ist auch etwas, das verbindet.

▶ Essen Sie nach Möglichkeit wenigstens einmal am Tag zusammen mit der ganzen Familie. Das ist eine wunderbare Gelegenheit, um über das zu reden, was alle erlebt haben und was sie beschäftigt.

▶ Sorgen Sie für einen geregelten Tages- und Wochenablauf – auch wenn es vielleicht nicht ganz Ihren eigenen Bedürfnissen entspricht. Immer wiederkehrende feste Termine und Zeiten erleichtern Ihnen mit Sicherheit den Alltag mit Ihrem Kind.

▶ Bemühen Sie sich vor allem dort um festen Rhythmus und Struktur, wo es Probleme mit Ihrem Kind gibt. Eine immer gleiche Abendzeremonie und ein liebevolles Einschlafritual zum Beispiel wirken beruhigend auf kleine Nachtschwärmer. Und wer weiß, dass am Samstagvormittag immer gestaubsaugt wird, dem leuchtet eher ein, dass sein Zimmer bis dahin aufgeräumt sein muss.

▶ Schaffen Sie sich einen Kanon ganz eigener Rituale speziell für Ihre Familie: für jeden Tag, für alle Jahreszeiten, für Geburtstage, Feste und besondere Anlässe. Übernehmen Sie alte Traditionen aus Ihrer Kindheit und der Ihres Partners, oder erfinden Sie, vielleicht auch zusammen mit Ihrem Kind, neue Rituale.

▶ Betrauen Sie Ihr Kind schon früh mit kleinen alltäglichen Aufgaben und Pflichten. Ganz nach dem Motto: Jeder trägt seinen Teil zum Familienleben bei. Und zusammen macht die Alltagsarbeit auch mehr Spaß.

▶ Dem Alltag neue Achtsamkeit entgegenbringen heißt natürlich nicht, ganz auf Ferien oder Auszeiten zu verzichten. Gönnen Sie der ganzen Familie ruhig ab und zu einen besonderen Ausflug oder eine kleine Flucht aus dem normalen Alltagsrhythmus.

Nehmen Sie die kleinen Dinge des Lebens wichtiger. Widmen Sie ihnen mehr Aufmerksamkeit. Zum Essen eine Kerze anzünden, zusammen einen Spaziergang machen, nach dem Einkaufen ein Eis schlecken – so verleihen Sie dem Alltag ganz neuen Glanz.

4. Aufmerksamkeit und Verständnis – Zeit für Gefühle

Wissen Sie, was Ihr Kind heute in der Schule gemacht hat? Neben wem es gerade sitzt, ob es Probleme mit Lehrern hat oder es ihm schwer fällt, mit dem Tempo im Unterricht Schritt zu halten? Nur in 40 Prozent der deutschen Familien, das haben die separaten Schülerbefragungen im weltweit größten Schulleistungstest PISA gezeigt, wird zu Hause überhaupt über die Schule geredet. Das sind nur halb so viele wie in Italien! Und darüber, welche Bücher die Kinder lesen und welche Filme und Fernsehsendungen sie sich ansehen, unterhalten sich sogar nur 16,2 Prozent der Eltern hierzulande mit ihren Kids. Kein Wunder, dass Wissensdefizite nicht früh genug entdeckt und Probleme meist erst erkannt werden, wenn blaue Briefe ins Haus flattern. Zu wenig Zeit für intensive Gespräche im Familienalltag? Zu viele Dinge, die die Köpfe von Müttern und Vätern belasten?

Mit Kindern richtig reden

Was auch immer hinter solchen Zahlen steckt: Gut für unsere Kinder ist die zunehmende Sprachlosigkeit in unserem Leben bestimmt nicht. Da werden Fluten von E-Mails und SMS verschickt – doch wirklich miteinander reden, dem anderen zuhören, ohne gleichzeitig mit dem halben Ohr schon wieder auf den Fernseher zu lauschen, daran hapert es heute leider in vielen Familien. Ganze acht Minuten sprechen deutsche Ehepaare laut Statistik täglich miteinander – meist über organisatorische Dinge. Über 80 Prozent der Frauen beklagen laut Umfragen, dass ihr Partner nicht mit ihnen redet, ihnen oft nicht einmal zuhört. Auch ein Problem unserer Kinder? Hören wir ihnen wirklich zu? Unterhalten wir uns tatsächlich intensiv mit ihnen?

*Zuspruch und
Zuhören ist echte
Zuwendung.*

Kinder brauchen richtige Gespräche, echte Kommunikation, nicht nur beiläufige Belanglosigkeiten. Sie brauchen Eltern, die sich wirklich für sie interessieren, für ihre Bedürfnisse, ihre Gefühle, ihre Probleme und ihre Alltagsnöte. Eltern, die sich sensibel in ihren Sprössling hineinversetzen und echtes Mitgefühl für ihn aufbringen können, statt unpersönliche Standardformeln wie »Das wird schon wieder« abzuspulen.

Kleine Leute in schwierigen Situationen zum Durchhalten zu ermutigen, sie verständnisvoll zu trösten, wenn sie traurig sind, und sie für das, was ihnen gelungen ist, ehrlich zu loben – das festigt die liebevollen Familienbande. Kinder wollen als Gesprächspartner ernst genommen, von den Großen respektiert und anerkannt werden. Dann wachsen sie vor Stolz um mindestens zehn Zentimeter und platzen fast vor Glück.

Kinder wollen
in ihren kleinen
Problemen und als
Gesprächspartner
ernst genommen
werden.

Rundherum glück-
lich sind Kinder, die
wissen: Meine Eltern
halten zu mir, egal
was passiert, sie
akzeptieren und lie-
ben mich mit allen
meinen Stärken und
Schwächen, mit
allen Schokoladen-
seiten, aber auch
Macken.

»Kinder müssen erleben, dass sie willkommen sind«

Mehr als alles andere brauchen Kinder Aufmerksamkeit – vor allem die ihrer Eltern. Sie hungern nach Lob und Anerkennung für das, was sie geschafft haben. Sie wollen, dass man sich ihnen zuwendet, ganz bei ihnen ist. Haben sie das Gefühl, nicht genügend beachtet zu werden, lassen sie sich garantiert schnell etwas einfallen, das uns Erwachsene zu einer Reaktion geradezu zwingt. Dann wird gezankt, gelärmt, Blödsinn gemacht. Und prompt schimpfen wir – und sind ihnen schon auf den Leim gegangen. Denn nun haben sie genau das erreicht, was sie wollten: unsere ganze Aufmerksamkeit auf sich gezogen. Um wie viel glücklicher wären unsere Kinder, wenn sie statt negativer häufiger unsere positive Beachtung finden würden!

»Kinder müssen erleben, dass sie willkommen sind«, forderte der Berliner Entwicklungssoziologe Prof. Lothar Krappmann auf dem 3. Europäischen Symposium über Kindesentwicklung in Hamburg. Das zu spüren, jeden Tag aufs Neue, ist der beste Grundstock für eine gute Beziehung zwischen großen und kleinen Leuten. So lassen sich auch Konflikte und Streit miteinander bewältigen. Kinder brauchen das Vertrauen ihrer Eltern – in sie selbst und in die Beziehung zueinander. Und sie wollen so angenommen werden, wie sie sind. Kein ständiges Herumkritteln und kein Umerziehungsprogramm!

Das tut Ihrem Kind gut

▸ Interessieren Sie sich für Ihr Kind. Nehmen Sie Anteil an seinem Leben. Fragen Sie danach, was im Kindergarten, in der Schule, im Sportverein los war. Lassen Sie sich Hefte und Bücher zeigen. Hören Sie aufmerksam zu, und lesen Sie auch zwischen den Zeilen. Werden Sie hellhörig, wenn Ihr Sprössling von etwas schwärmt oder über etwas schlechte Bemerkungen macht.

▶ Sprechen Sie schon früh mit Ihrem Kind über seine und Ihre Gefühle. Das ist gar nicht so leicht. Kleine Leute müssen erst lernen, ihre Empfindungen wie Wut, Eifersucht, Trauer, aber auch Freude auszudrücken. Helfen Sie ihnen dabei und bewerten Sie nie. So schaffen Sie eine tragfähige Vertrauensbasis.

▶ Interessieren Sie sich für die Freunde Ihres Kindes. Laden Sie sie zu sich nach Hause ein. Verabreden Sie gemeinsame Unternehmungen mit deren Familie, um sich näher kennen zu lernen.

▶ Lassen Sie das Gespräch mit Ihrem Kind nie abreißen – vor allem wenn es älter wird und mehr und mehr seine eigenen Wege geht. Geben Sie Mahlzeiten mit der ganzen Familie, bei denen offen über alles geredet wird, und andere gemeinsame Aktivitäten nie komplett auf. Erzählen Sie von sich selbst, Ihrer Arbeit, Ihren Hobbys, Ihren Unternehmungen. Das motiviert auch die Kids, von sich zu sprechen.

▶ Fragen Sie Ihr Kind öfter mal nach seiner Meinung. Lassen Sie es – vor allem bei Angelegenheiten, die es selbst direkt betreffen oder mit betreffen – Lösungsvorschläge machen.

▶ Schenken Sie Ihrem Kind Zeit, die Sie ganz allein mit ihm verbringen. Vielleicht jeden Tag fünfzehn Minuten, wenn der jüngere Bruder Mittagsschlaf hält. Oder einmal in der Woche eine Stunde, wenn die große Schwester beim Turnen ist. Vielleicht auch ab und zu mal einen ganzen Nachmittag, an dem sich Mama oder Papa frei machen kann. Überlegen Sie, wie das am besten in Ihrem Alltag zu regeln ist. Hauptsache, Sie sind dann wirklich für Ihren Sprössling da und machen gemeinsam etwas, das Ihnen beiden Spaß macht. Das zeigt ihm ohne viele Worte: Du bist wichtig.

▶ Loben Sie Ihr Kind öfter mal für das, was es alles so macht. Es leistet jeden Tag ganz schön viel und gibt sich Mühe. Erkennen Sie das an, und zeigen Sie es Ihrem Sprössling auch. Wie soll er sonst wissen, dass Sie zufrieden mit ihm sind? Gemeckert wird meist schnell, wenn

Bemühen Sie sich, die Welt mit den Augen Ihres Kindes zu sehen. Versetzen Sie sich in Ihren Sprössling hinein, und betrachten Sie ein Problem mal aus seiner Perspektive. So können Sie mehr Verständnis für ihn aufbringen und neue Lösungen für Probleme finden.

etwas nicht so läuft, wie wir es uns vorstellen. Doch umgekehrt nehmen wir vieles kommentarlos als selbstverständlich hin. Ein kleines »Das hast du toll gemacht« motiviert die Kids ungemein.

▶ Sagen Sie Ihrem Kind wenigstens einmal am Tag, dass Sie es lieb haben. Und lassen Sie es durch kleine liebevolle Gesten hautnah spüren, dass Sie es auch so meinen.

5. Sicherheit und Beständigkeit – ohne sie läuft gar nichts

Leistungsdruck und fehlende elterliche Fürsorge sind schuld daran, dass heute bereits jedes dritte Kind unter seelischen Problemen leidet.

Angst- und Zwangserkrankungen, emotionale Störungen, Probleme im Sozialverhalten und Essstörungen – immer mehr Kinder leiden an psychischen Erkrankungen, beklagt die Leiterin der Kinder- und Jugendpsychiatrie der Universität Leipzig, Professor Dr. Christine Ettrich. Die Zahl der Betroffenen hat in den letzten fünf bis zehn Jahren drastisch zugenommen. Jedes dritte Kind hat nach Schätzungen von Experten inzwischen seelische Probleme. Eine alarmierende Zahl! Schuld daran, so die Wissenschaftler, ist der zunehmende Leistungsdruck in unserer Gesellschaft, der bereits kleinen Leuten arg zu schaffen macht, aber auch fehlende elterliche Fürsorge. Da ist Papa aus beruflichen Gründen mehr ab- als anwesend, da wechseln Tagesmütter und Au-pair-Mädchen schneller, als die Kids sie kennen lernen können, da fallen Familien auseinander und werden mit anderen Partnern und deren Kindern patchworkartig neu zusammengewürfelt, da wird mobil und flexibel häufig der Wohnort gewechselt und der Nachwuchs aus seinem gewohnten Umfeld gerissen. Wie sollen kleine Leute sich da geborgen und sicher fühlen?

Kinder brauchen ein schützendes Nest und stabile Beziehungen, auf die sie sich wirklich fest verlassen können. Sie brauchen eine sichere »Burg«, in die sie sich jederzeit zurückziehen können, weg aus der großen, beunruhigenden, Angst einflößenden Welt. Nur hier können sie ungestört und mit Hilfe vertrauter Personen das für sich verarbeiten, was sie »draußen« erlebt haben.

Kinder brauchen Unruhe und Anregung, aber auch Ruhe, meint Jugendforscherin Donata Elschenbroich: »Beunruhigende Erlebnisse in der Begegnung mit vielem, das größer ist als man selbst. Und die beruhigende Einsicht, für die die Erwachsenen zuständig sind: dass man mit dieser Erfahrung nicht allein ist und dass das letzte Wort noch nicht gesprochen ist.« Deshalb brauchen Kinder vor allem Eltern, die immer für sie da sind, die stark sind und sie beschützen, die ihnen Halt, Rückhalt, Sicherheit und Beständigkeit geben.

Inkonsequenz erzeugt Unsicherheit

Doch leider fehlt kleinen Leuten auch in Familien, in denen äußerlich alles zum Besten zu stehen scheint, häufig das Gefühl von Sicherheit und Stabilität. Denn oft sind wir Eltern es selbst, die unsere Kinder verunsichern – durch unsere »Wackelpädagogik« und unsere Inkonsequenz. Regeln, heute aufgestellt, die morgen schon nicht mehr gelten; Grenzen, die nach Lust, Laune und Zeitdruck beliebig hin- und hergeschoben werden; Konsequenzen, die zwar angedroht, aber nie oder nur gelegentlich durchgesetzt werden – Eltern, die sich so verhalten, verunsichern kleine Leute eher und treiben sie indirekt dazu, Mama und Papa ständig aufs Neue herauszufordern. Keine glückliche Situation für die ganze Familie!

Kinder brauchen konsequente Eltern, die stabil, beständig und vorhersehbar in ihren Anordnungen und Entscheidungen sind, die heute genauso reagieren wie morgen und übermorgen, die liebevoll Grenzen setzen zum Wohle ihres Kindes und auch auf deren Einhaltung bestehen. Kinder brauchen starke Eltern, die ihren Platz im Leben gefunden haben und ihn unverrückbar einnehmen, die nicht per-

Inkonsequente Eltern sind eher ein Blatt, das der stürmische Alltagswind herumwirbelt, als ein Baum mit kräftigem Stamm und tiefen Wurzeln, an den Kinder sich getrost anlehnen können.

Wer sein Kind liebt, setzt ihm Grenzen.

Schenken Sie Ihrem Kind vom ersten Tag an Ihre Liebe, Zuwendung und Zärtlichkeit. Nehmen Sie sich Zeit, sich gegenseitig gut kennen zu lernen. So entsteht eine intensive und feste Bindung, auf der Sie in späteren Jahren eine enge Beziehung aufbauen können.

manent hin und her wanken, zögern und zaudern, sondern genau wissen, was sie für sich selbst und ihre Familie wollen. Mit solchen Eltern hinter sich fühlen Kinder sich sicher und geborgen. Und nur so können sie wirklich glücklich sein.

Das tut Ihrem Kind gut

▶ Sorgen Sie für möglichst stabile Lebensbedingungen für Ihr Kind. Schaffen Sie mit Hilfe von Regeln und Ritualen einen zuverlässigen und kontinuierlichen Rahmen, in dem Ihr Sohn oder Ihre Tochter sich sicher fühlt. Vermeiden Sie häufige tief greifende Veränderungen – vor allem solange die Kinder noch klein sind.

▶ Lassen sich Veränderungen gar nicht vermeiden, schenken Sie Ihrem Kind in dieser Zeit des Umbruchs eine Extraportion an Fürsorge und Wärme. Zeigen Sie ihm deutlich, dass sich an Ihrer Liebe nichts geändert hat. Und versuchen Sie, von den bisherigen Rhythmen und Gewohnheiten so viele wie möglich zu erhalten.

▶ Signalisieren Sie Ihrem Kind, dass es immer und in jedem Fall mit Problemen zu Ihnen kommen kann.

▶ Missbrauchen Sie Ihr Kind nicht als »Ratgeber« oder »seelischen Mülleimer«. Damit wäre es total überfordert. Wenn Sie selbst Probleme haben, reden Sie mit Freunden und Verwandten, oder suchen Sie eine entsprechende Beratungsstelle auf.

▶ Seien Sie ehrlich zu Ihrem Kind. Kleine Leute sind sehr sensibel. Wenn Sie versuchen, ihnen etwas vorzumachen, wittern sie schnell Unheil. Stärke bedeutet nicht, dass Sie ununterbrochen mit einem Lächeln im Gesicht herumlaufen müssen. Sprechen Sie ruhig über Ihre Gefühle, Ihre Sorgen. Aber strahlen Sie stets Zuversicht aus.

▶ Zeigen Sie Ihrem Kind immer wieder, dass Sie wissen, wo es langgehen soll, dass Sie eine feste Meinung haben, an der nicht zu rütteln ist, dass Sie als Eltern es sind, die (noch) die Richtung vorgeben.

Denkpause: Wann ist Ihr Kind glücklich?

▸ Wann war Ihr Kind im letzten Monat so richtig glücklich und zufrieden? Schreiben Sie die Situationen auf.

▸ An welche Gelegenheiten erinnern Sie sich, bei denen Ihr Sohn oder Ihre Tochter vor Glück nur so gestrahlt hat? Was war Besonderes daran?

▸ Wann hat Ihr Kind einen absolut unglücklichen Eindruck gemacht? Was war da passiert?

▸ Woran erkennen Sie, dass Ihr Sprössling sich wohl fühlt und glücklich ist?

▸ Was können Sie als Eltern dazu beitragen, dass es Ihrem Kind gut geht? Welche Erfahrungen haben Sie gemacht? Haben Sie ein ganz spezielles »Glücks-Geheimrezept« für Ihren Sprössling?

▸ Was bedeutet für Sie persönlich Glück?

▸ Was macht Sie selbst glücklich? Was unglücklich?

▸ Wann haben Sie sich zuletzt rundherum glücklich gefühlt?

Fazit

▸ Kinder brauchen, um glücklich sein zu können, gute Rahmenbedingungen für ihre persönliche Entwicklung.

▸ Kinder brauchen Freiräume – zeitliche und räumliche.

▸ Kinder brauchen nicht nur Nahrung für ihren Körper, sondern auch für Geist und Sinne – in Form von vielfältigen Anregungen und Kontakten zu anderen Menschen.

▸ Kinder brauchen einen Familienalltag mit klaren Strukturen und Ordnung statt Chaos.

▸ Kinder brauchen viel Aufmerksamkeit, Mitgefühl und Verständnis.

▸ Kinder brauchen Sicherheit, Geborgenheit und Konsequenz.

▸ Kinder wollen willkommen sein und ernst genommen werden.

Um glücklich zu sein, brauchen Kinder sowohl Freiräume als auch einen festen Rahmen, der ihnen Sicherheit und Geborgenheit gibt.

Um konsequent sein zu
können, müssen sich Eltern auf
gemeinsame Werte einigen

Familienwerte
überdenken

Was ist für uns
wichtig im Leben?

Gemeinsame Familienwerte finden

»Eigentlich finde ich diese ganze Geschenkeorgie zu Weihnachten schrecklich!«, beklagt sich Inge (36). »Aber was soll man denn machen? Die Kinder haben ellenlange Listen mit Wünschen. Und wenn unter dem Tannenbaum zu viel fehlt, gibt's nur Stress. Da stecken wir Erwachsenen dann schon etwas zurück, damit die Kinder bekommen, was sie wollen. Doch von der ganzen Atmosphäre, der Besinnlichkeit unterm Weihnachtsbaum, ist heute leider viel verloren gegangen. Das war in meiner Kindheit noch anders. Irgendetwas fehlt mir da schon.«

Eine Unfrage unter Schülern ergab: Nur 15 Prozent wussten, dass Weihnachten etwas mit Jesus zu tun hat.

Weihnachten – warum feiern wir dieses Fest eigentlich? 39 Prozent der sechs- bis zehnjährigen Schüler hatten darauf bei der Umfrage eines Jugendforschungsinstituts gar keine Antwort. 46 Prozent gaben eine falsche Erklärung dafür, warum wir Weihnachten feiern. Und nur 15 Prozent meinten, Weihnachten hätte irgendetwas mit Jesus zu tun. Eine schockierende kleine Meldung in der Zeitung! Kaum zu glauben, dass das stimmen soll!

Doch dann kurz darauf eine Quizsendung für Kinder im Fernsehen. Bei der Frage »Welcher christliche Feiertag wird am Vatertag gefeiert?« geraten die drei Schüler einer sechsten Klasse arg ins Schwitzen. Zur Auswahl stehen Fronleichnam, Buß- und Bettag und Christi Himmelfahrt. Sie wissen es nicht, tendieren zu Buß- und Bettag, lassen per Joker das jugendliche Publikum im Saal abstimmen. Das entscheidet sich mehrheitlich für Fronleichnam und beendet damit die Jagd der Schüler nach heißen Preisen ...

Wer konsequent sein will, braucht Werte

Traurig, aber leider wahr: Viele Kinder verbinden heute mit christlichen Festen nichts mehr als Geschenke, Feiern und freie Tage. Kein Wunder. Denn gerade beim Umgang mit der Religion tun sich die meisten Erwachsenen äußerst schwer. Und wer selbst unsicher ist und Zweifel hat, kann Kindern kaum Gott nahe bringen. Leider geht dadurch auch das Wissen über das Christentum und seine Feste, die immerhin ein Teil unserer abendländischen Kultur sind, verloren. Christliche Werte wie Hilfsbereitschaft, Großzügigkeit und Friedfertigkeit geraten in Vergessenheit. Statt Besinnlichkeit gibt's nur noch Geschenke in Massen, weil viele Eltern wie Inge dieser Geschenkeflut nicht konsequent genug entgegentreten.

Früher, als die Wunschzettel noch nicht so lang waren, hätte vermutlich jedes Kind hierzulande gewusst, was an Weihnachten gefeiert wird. Aber früher – da wusste auch jeder genau, wo es langgeht und wo Grenzen sind. Da herrschte eine klare Ordnung und Hierarchie in der Familie. Da gab es ein allumfassendes und festgefügtes System aus allgemeingültigen Werten, anerkannten Normen und klaren

> Mit der Bedeutung der christlichen Religion schwinden auch christliche Werte wie Hilfsbereitschaft, Großzügigkeit und Friedfertigkeit.

Weihnachten heute: mehr, größere, teurere Geschenke.

Regeln in Gesellschaft und Familie. Jedem war klar, was erlaubt und was verboten war, was »man« machte und was nicht und welche Werte und Tugenden Kinder von ihren Eltern mitbekommen sollten.

Jeder hat seine eigenen Werte

Heute ist alles ganz anders – und viel komplizierter: Erlaubt ist, was gefällt und Spaß macht. Multikulti ist angesagt. Individualität hat höchste Priorität. Jeder Spleen, jede Verrücktheit ist gesellschaftsfähig. Der Kanon an allgemeingültigen Werten ist aufgeweicht und auf ein absolutes Minimum zusammengeschmolzen.

Im Kindergarten, in der Schule, im Sportverein – überall gelten inzwischen andere Werte. »Setz dich durch! Lass dir nichts gefallen!«, sagt Papa, während die Erzieherin auf Rücksichtnahme besteht. Ganz schön verwirrend für unsere Kinder! Sozialwissenschaftler sprechen von »Wertediffusion«: Jeder hat seine eigenen Werte – je nach Situation variabel, wie es gerade am besten passt. Da verlangen Mütter von ihren Söhnen: »Sei ehrlich!« und lassen sich im nächsten Augenblick von ihnen am Telefon verleugnen, weil sie keine Lust haben, mit ihren Schwiegermüttern zu reden. Da bestehen Großeltern auf Zuverlässigkeit, halten aber ihre eigenen Versprechen nicht ein. Und Väter fordern Disziplin und Friedfertigkeit, mutieren aber im Stau selbst zu pöbelnden Verkehrsrowdys. So kann Erziehung kaum problemlos klappen!

> Im Elternhaus, in der Schule, im Sportverein – überall gelten andere Werte. Für Kinder ist das äußerst verwirrend.

Alte Werte sind verpönt – neue nicht in Sicht

»Es scheint mir geradezu ein Witz«, meint Bischöfin Dr. Margot Käßmann, »jetzt Kindern Werte vermitteln zu wollen, die die Erwachsenenwelt nicht besitzt.« Kein Wunder, dass die Unsicherheit von Eltern groß ist, dass Mama und Papa bei grundsätzlichen Fragen schnell ins Schwimmen kommen: Traditionelle Werte und Grundsätze gelten als verstaubt und sind verpönt. Neue sind bisher nicht an ihre Stelle getreten. Schon gibt es eine Rückbesinnung, ein Comeback alter Werte, um das Vakuum zu füllen. Doch wollen wir das wirklich?

Das Problem dabei: Solange wir als Eltern selbst kein fest gefügtes Wertesystem haben, können wir unseren Kindern gegenüber keinen eindeutigen Standpunkt einnehmen. Wir wanken hin und her wie unser brüchiges Weltbild. Nur wer wirklich von etwas überzeugt ist, kann dem Nachwuchs gegenüber geradlinig auftreten und konsequent seine Linie verfolgen. Und macht dies auch durch seine Haltung im Alltag und seine Standfestigkeit in kritischen Situationen deutlich. Wer konsequent sein will, braucht also Werte. Denn wenn eine Entscheidung aus fester Überzeugung getroffen ist, ist an ihr nicht mehr zu rütteln. Das merken kleine Leute schnell.

> Ohne fest gefügtes Wertesystem können Eltern ihren Kindern gegenüber keinen eindeutigen Standpunkt einnehmen.

Ist Ihr Wertesystem familientauglich?

Um ein Kind zu erziehen, meint Bischöfin Dr. Margot Käßmann, ist es notwendig, »die eigenen Lebensgrundlagen zu klären«. Das haben wir doch längst, werden viele von Ihnen jetzt garantiert sagen. Prima! Doch sind Sie ganz sicher? Ist Ihr persönliches Wertesystem noch aktuell? Ist es familientauglich? Stimmen Ihre eigenen Wertvorstellungen wirklich mit dem überein, was Sie Ihrem Kind mit auf seinen Lebensweg geben möchten?

Nehmen Sie sich die Zeit, darüber noch einmal in Ruhe nachzudenken. Nutzen Sie die Chance, die Ihnen das Zusammenleben mit Ihrem Kind bietet: Überdenken Sie Ihre eigenen Wertvorstellungen. Ändern sie sich vielleicht dadurch, dass Sie jetzt Eltern sind oder werden? Verschieben sich die Prioritäten? Lassen Sie sich von der Neugier Ihres Sohnes oder Ihrer Tochter anstecken, und entdecken Sie die Geheimnisse der Welt neu. Machen Sie sich noch einmal auf die Suche nach dem Sinn des Lebens, Ihres Lebens. Das kann sehr spannend sein – und sehr hilfreich für Ihr Familienleben. Versuchen Sie es.

Was sind Werte?

Werte sind das ethische und moralische Gerüst einer Gesellschaft. Alle Regeln, Sitten, Gebräuche, Traditionen und Ideale einer Gesellschaft sind Ausdruck der Werte, auf denen sie aufbaut. Gesellschaftliche Veränderungen und aktuelle kulturelle, geistige und ökonomische Trends bringen neue Leitbilder hervor und führen so zu einem Wertewandel. Auch der Glaube an eine Religion, andere Überzeugungen und die Zugehörigkeit zu bestimmten sozialen Gruppen wie Parteien oder Umweltschutzorganisationen ist mit ganz speziellen Wertvorstellungen verbunden.

Werte geben uns Orientierung für das Zusammenleben mit anderen Menschen. Sie sind die Grundlage für unser Gewissen. Mit ihrer Hilfe entscheiden wir, was gut und böse, was richtig und falsch, was erlaubt und verboten, was sozial und unsozial, was in und out ist. Werte leiten unser ganzes Tun und bestimmen, welchen Weg wir im Leben einschlagen. Sie bestimmen, wie wir leben und wie wir uns verhalten – uns selbst und anderen, auch unseren Kindern gegenüber.

> Werte geben uns Orientierung im Zusammenleben mit anderen. Sie bestimmen, wie wir leben und uns verhalten.

Werte-Checkliste: Welche Werte will ich an mein Kind weitergeben?

Lieben Sie es klassisch? Dann stehen Sie vielleicht auf Ehrlichkeit, Pünktlichkeit und Bescheidenheit. Mögen Sie es eher modern? Dann sind Ihnen sicher Solidarität, Selbstständigkeit und Toleranz näher? Ist Ihre Familie sozial engagiert, und hält sie traditionell bestimmte Werte wie zum Beispiel Hilfsbereitschaft oder Gerechtigkeit hoch? Fühlen Sie sich einer bestimmten Religion und deren Werten verbunden? Oder setzen Sie sich aktiv für Naturschutz ein und halten daher ein ausgeprägtes Umweltbewusstsein für enorm wichtig? Wir alle haben unsere eigenen Vorstellungen davon, was für uns im Leben wichtig ist, eben wertvoll. Das kann für jeden etwas anderes sein, eine ganz persönliche Sammlung an Schätzen, die uns am Herzen liegen, individuell zusammengewürfelt, mal eine breite Palette, mal nur ein paar wenige.

Dieses Wertesystem ist nicht starr. Es verändert sich im Laufe unseres Lebens, auch zum Beispiel dadurch, dass wir Eltern werden. Plötzlich sehen wir die Welt mit anderen Augen. Dann setzen wir vielleicht andere Prioritäten, schwören auf neue Leitwerte. Vielleicht fügen wir unserer »Schatzsammlung« einige andere Werte hinzu oder entdecken an alten neue Facetten. Vielleicht fühlen wir uns auch in dem bestärkt, was wir schon immer wichtig fanden, werden noch klarer in unseren Standpunkten.

Wie dem auch sei – es kann nicht schaden, von Zeit zu Zeit einmal zu überprüfen: Wo stehe ich eigentlich? Welche Werte sind für mich absolut wichtig? Ist das, was ich bisher für unverzichtbar hielt, immer noch so bedeutend für mich? Und welche Werte werden mich, egal was sich verändert, mit Sicherheit mein Leben lang begleiten? Was würde ich garantiert nie über Bord werfen? Was passt haargenau zu mir und meiner ganzen Lebenseinstellung und -weise? Finden Sie es heraus. Es ist Ihr erster Schritt zu mehr Konsequenz.

> Unser Wertesystem kann sich im Laufe unseres Lebens verändern – zum Beispiel wenn wir Eltern werden.

Denkpause: Welche Werte sind mir wichtig?

Das Spektrum an Werten ist breit und extrem bunt. Doch nicht alle haben für jeden von uns Bedeutung. Suchen Sie aus der Werte-Liste auf den folgenden Seiten diejenigen heraus, die für Sie wichtig sind. Danach kreuzen Sie in der zweiten Spalte davon die Werte an, die Sie gern Ihrem Sohn oder Ihrer Tochter nahe bringen möchten.

Werte	Dieser Wert ist für mich wichtig: ja (+)/nein (-)		Diesen Wert möchte ich an mein Kind weitergeben (+)/ auf keinen Fall weitergeben (-)	
Achtung	❏	❏	❏	❏
Bescheidenheit	❏	❏	❏	❏
Besonnenheit	❏	❏	❏	❏
Bildung	❏	❏	❏	❏
Dankbarkeit	❏	❏	❏	❏
Durchsetzungskraft	❏	❏	❏	❏
Ehrlichkeit	❏	❏	❏	❏
Ehrgeiz	❏	❏	❏	❏
Eigeninitiative	❏	❏	❏	❏
Eigensinn	❏	❏	❏	❏
Egoismus	❏	❏	❏	❏
Erfolg	❏	❏	❏	❏
Familiensinn	❏	❏	❏	❏
Fleiß	❏	❏	❏	❏
Fortschritt	❏	❏	❏	❏
Freiheit	❏	❏	❏	❏
Freundschaft	❏	❏	❏	❏
Friedfertigkeit	❏	❏	❏	❏
Gehorsam	❏	❏	❏	❏
Gelassenheit	❏	❏	❏	❏
Geradlinigkeit	❏	❏	❏	❏
Gerechtigkeit	❏	❏	❏	❏
Gesundheit	❏	❏	❏	❏
Gleichberechtigung	❏	❏	❏	❏
Großzügigkeit	❏	❏	❏	❏
Güte	❏	❏	❏	❏
Gutes Benehmen	❏	❏	❏	❏
Harmonie	❏	❏	❏	❏
Heimatliebe	❏	❏	❏	❏
Herzlichkeit	❏	❏	❏	❏
Hilfsbereitschaft	❏	❏	❏	❏
Höflichkeit	❏	❏	❏	❏
Humor	❏	❏	❏	❏
Individualität	❏	❏	❏	❏
Integrität	❏	❏	❏	❏
Konfliktfähigkeit	❏	❏	❏	❏
Kritikfähigkeit	❏	❏	❏	❏
Leistung	❏	❏	❏	❏

Werte	Dieser Wert ist für mich wichtig: ja (+)/nein (-)		Diesen Wert möchte ich an mein Kind weitergeben (+)/ auf keinen Fall weitergeben (-)	
Liebe	❏	❏	❏	❏
Loyalität	❏	❏	❏	❏
Menschlichkeit	❏	❏	❏	❏
Mitgefühl	❏	❏	❏	❏
Mut	❏	❏	❏	❏
Naturverbundenheit	❏	❏	❏	❏
Neugier	❏	❏	❏	❏
Optimismus	❏	❏	❏	❏
Ordnung	❏	❏	❏	❏
Pflichtbewusstsein	❏	❏	❏	❏
Pünktlichkeit	❏	❏	❏	❏
Reife	❏	❏	❏	❏
Religiosität	❏	❏	❏	❏
Respekt	❏	❏	❏	❏
Rücksicht	❏	❏	❏	❏
Ruhe	❏	❏	❏	❏
Sauberkeit	❏	❏	❏	❏
Selbstdisziplin	❏	❏	❏	❏
Selbstlosigkeit	❏	❏	❏	❏
Selbstständigkeit	❏	❏	❏	❏
Selbstverwirklichung	❏	❏	❏	❏
Solidarität	❏	❏	❏	❏
Soziales Verhalten	❏	❏	❏	❏
Sparsamkeit	❏	❏	❏	❏
Stärke	❏	❏	❏	❏
Stolz	❏	❏	❏	❏
Tierliebe	❏	❏	❏	❏
Toleranz	❏	❏	❏	❏
Traditionsbewusstsein	❏	❏	❏	❏
Umweltbewusstsein	❏	❏	❏	❏
Unabhangigkeit	❏	❏	❏	❏
Verantwortungsbewusstsein	❏	❏	❏	❏
Vertrauen	❏	❏	❏	❏
Würde	❏	❏	❏	❏
Zielstrebigkeit	❏	❏	❏	❏
Zivilcourage	❏	❏	❏	❏
Andere Werte				
_____	❏	❏	❏	❏
_____	❏	❏	❏	❏

Na, haben Sie sich entschieden? Mit welchen Werten können Sie sich gar nicht identifizieren? Welche Werte sind für Sie zurzeit besonders wichtig?

Wenn Sie Ihren ganz persönlichen Wertekatalog aufgestellt haben, sollten Sie sich jetzt in einem zweiten Schritt daran machen, diese Werte noch genauer unter die Lupe zu nehmen. Überlegen Sie, welche inhaltlichen Vorstellungen Sie mit den Begriffen verbinden. Keine Angst, Sie müssen nicht zum Philosophen werden! Füllen Sie Ihre Werte passend zu Ihrer eigenen Persönlichkeit und Ihrem Alltag einfach mit Leben. Schließlich verstehen wir alle unter Schlagworten wie Traditionsbewusstsein oder Großzügigkeit etwas anderes – auch wenn die Abweichungen manchmal nur minimal sind.

Wie wichtig Ihnen welche Werte sind, erkennen Sie auch daran, inwieweit Sie sich im täglichen Leben daran orientieren.

Denkpause: Wert-Porträt – Was verbinde ich mit meinen Werten?

Versuchen Sie nun, von jedem Ihrer Werte ein Porträt zu erstellen:

▶ Was genau sagt dieser Wert für Sie aus? Was verbinden Sie damit?

▶ Was gehört für Sie dazu? Wo sind vielleicht Grenzen?

▶ Wo spielt er in Ihrem Leben eine Rolle?

▶ Wie gehen Sie persönlich im täglichen Leben mit diesem Wert um? In welchen Ihrer Handlungen kommt dieser Wert zum Ausdruck?

▶ Was tun Sie, um Ihrem Kind diesen Wert zu vermitteln?

Notieren Sie alles, was Ihnen hierzu einfällt, für jeden Wert auf einem eigenen großen Zettel. Sammeln Sie Stichworte, Alltagssituationen, Beispiele. Das muss nicht auf der Stelle in den nächsten zehn Minuten passieren. Lassen Sie sich Zeit. Überdenken und ergänzen Sie Ihre Notizen, bis Sie das Gefühl haben, Ihnen fällt nichts Neues mehr ein, und Ihr Wert-Porträt Ihrer Meinung nach fertig ist.

Gehen Sie in sich, und finden Sie heraus, welche Werte für Sie wichtig sind!

Eine schwierige Aufgabe? Nur Geduld. Setzen Sie sich nicht selbst unter Druck. Lassen Sie Ihre Gedanken langsam reifen. Hier als Anregung ein Beispiel für ein solches Wert-Porträt:

Egoismus könnte für Sie vielleicht wichtig sein, um eigene Interessen und Bedürfnisse durchzusetzen, sich selbst zu verwirklichen, sich nicht von anderen in unserer Ellenbogengesellschaft unterbuttern zu lassen, Individualität zu zeigen. Dabei würden Sie nie die Rechte und Interessen anderer Menschen ganz aus dem Auge verlieren. Hier hat Ihr Egoismus seine Grenzen. Egotrip total wäre nie Ihre Sache. Eine ordentliche Portion Egoismus gehört für Sie aber auf jeden Fall dazu, im Berufsleben und gegenüber Ihrer Schwiegermutter.

Im täglichen Leben halten Sie mit Ihrer Meinung nicht hinter dem Berg und melden Ihre Interessen an. Sie wägen stets ab, was günstig und was ungünstig für Sie ist, und versuchen, Vorteile für sich herauszuholen. Sie sagen klar und deutlich »Ich will ...« und »Nein«, wenn Sie etwas nicht möchten. Sie grenzen sich eindeutig ab, wenn andere versuchen, Sie für Ihre Interessen zu benutzen. Ihrem Kind gegenüber machen Sie immer wieder klar, dass es seine eigenen Interessen und Bedürfnisse wichtig nehmen soll und ein Recht hat, sie zu äußern. Sie versuchen, ihm von klein auf einen gesunden Egoismus anzuerziehen. Doch Sie machen auch immer wieder klar, dass Rücksicht auf andere Menschen ebenso wichtig ist.

Selbst Egoismus könnte ein wichtiger Wert für Sie sein – sofern damit kein »Egotrip total« gemeint ist.

Top-Werte: Was ist für Sie unverzichtbar?

Rücksicht, Höflichkeit, Toleranz, Verantwortungsbewusstsein -– diese Werte stehen bei Eltern hoch im Kurs. Immerhin 99 Prozent ist es laut einer Emnid-Umfrage wichtig, dass ihre Kinder sich anderen Menschen gegenüber rücksichtsvoll verhalten. 98 Prozent wünschen

Sie werden staunen: Schon allein dadurch, dass Sie sich die Mühe gemacht haben, über Ihre ganz persönlichen Wertvorstellungen nachzudenken, haben Sie an Standfestigkeit und Überzeugungskraft gewonnen.

sich Höflichkeit und gutes Benehmen. 96 Prozent der Eltern möchten, dass ihr Sohn oder ihre Tochter Zivilcourage zeigt, Verantwortung übernimmt und für andere eintritt. Und für immerhin 92 Prozent der Mütter und Väter haben Toleranz gegenüber den Gepflogenheiten anderer Kulturen und Völker eine große Bedeutung.

Wie sieht es bei Ihnen aus? Sind das auch für Sie wichtige Werte, die Sie unbedingt an Ihren Sohn oder Ihre Tochter weitergeben möchten? Oder liegen Ihnen ganz andere Werte am Herzen? Was Ihnen völlig unwichtig ist, haben Sie ja bereits in der ersten Werteliste herausgestrichen. Doch welches sind Ihre Top-Werte? Was ist für Sie absolut unverzichtbar im Leben? Finden Sie es im nächsten Schritt heraus. Damit haben Sie bereits ein großes Stück Klarheit gewonnen. Sie wissen, was Sie wollen und was Sie auf keinen Fall möchten. Sie haben Ihre Position gefunden. Da fällt es gleich viel leichter, im Alltag konsequent zu sein – auch gegenüber Ihrem Kind.

Denkpause: Wie sehen meine Werte-Hitlisten aus?

▶ Schreiben Sie alle Werte, die Sie in der ersten Liste als wichtig angekreuzt haben, untereinander auf einen Zettel. Dann sehen Sie sich alle noch einmal in Ruhe an und vermerken hinter jedem Wert »unverzichtbar«, »sehr wichtig«, »wichtig« oder »weniger wichtig«.

Haben Sie in einer Kategorie mehrere Werte, versuchen Sie eine Rangfolge aufzustellen (Platz 1, 2, 3 ...). So legen Sie Ihre Prioritäten fest: »Unverzichtbar: 1, 2 ...«, »Sehr wichtig: 1, 2 ...«, »Wichtig: 1, 2 ...«, »Weniger wichtig: 1, 2 ...«. Vielleicht streichen Sie zum Schluss sogar noch eher unwichtige Werte weg. Heraus kommt eine Werte-Hitliste mit Ihren ganz persönlichen Top-Werten:

Platz 1: ....   Platz 3: ....

Platz 2: ....   Platz 4: ....

WERTE-
KONKURRENZ

▸ Jetzt machen Sie das Ganze noch einmal für die Werte, bei denen Sie angekreuzt haben, dass Sie sie an Ihr Kind weitergeben möchten. So finden Sie heraus, welche Werte für Sie in Ihrem Erziehungsalltag wirklich unverzichtbar sind und bei welchen Sie eher zu Kompromissen bereit sind. Ergebnis: Ihre ganz persönliche Erziehungs-Werte-Hitliste:

Platz 1: .... Platz 3: ....

Platz 2: .... Platz 4: ....

▸ Bleibt zum Schluss nur noch, negative Prioritäten zu setzen. Was möchten Sie Ihrem Kind auf gar keinen Fall vermitteln? Was soll Ihr Sprössling möglichst genauso ablehnen wie Sie? Bei welchen Werten sind Sie zu absolut keiner Diskussion bereit? Stellen Sie auch hier eine Rangfolge auf. So bekommen Sie Ihre ganz individuelle Negativ-Hitliste:

Platz 1: .... Platz 3: ....

Platz 2: .... Platz 4: ....

Werte-Konkurrenz: Was ist meinem Partner/meiner Partnerin wertvoll?

Samstag Nachmittag, draußen regnet es. »Ich will fernsehen«, quengelt Leon (6). »Nein, jetzt nicht«, antwortet Annegret (29). »Du willst ja nachher die Zeichentrickserie gucken. Das wird zu viel.« Leon mault. Da kommt Uwe (34) ins Zimmer. »Papa, ich will fernsehen«, versucht Leon es erneut. »Na gut«, meint Uwe, »weil so schlechtes Wetter ist.« – Und weil ich Ruhe haben möchte, denkt er. Leon wirft seiner Mutter einen triumphierenden Blick zu. Er hat erreicht, was er wollte – wieder einmal ...

Ihre persönliche Werte-Hitliste hilft Ihnen, im Alltag konsequent zu sein – Ihnen selbst und Ihrem Kind gegenüber.

Einigkeit in Erziehungsfragen ist eine wichtige Voraussetzung dafür, dass Eltern konsequent handeln können.

Wenn Mama und Papa sich nicht einig sind, freut sich der Nachwuchs. Da bleibt die Konsequenz garantiert auf der Strecke. Denn kleine Leute haben ganz schnell heraus, wie sie die Eltern geschickt gegeneinander ausspielen können. So kommen sie immer an ihr Ziel. Da nützt es gar nichts, wenn ein Elternteil sich bemüht, konsequent zu sein. Er wird immer der Verlierer sein. Keine gute Voraussetzung fürs Familienklima, und schon gar nicht für die Erziehung von Kindern! Besser ist, Sie demonstrieren als Eltern gegenüber Ihrem Sprössling Einigkeit. Was Mama sagt, gilt auch bei Papa und umgekehrt. Was Mama wichtig ist, dazu steht auch Papa. Doch ist das wirklich so? Wissen Sie, welche Werte für Ihren Partner/Ihre Partnerin eine Bedeutung haben? Was er oder sie an Sohn oder Tochter weitergeben möchte? Bestimmt haben Sie am Anfang Ihrer Beziehung auch über Ihre Lebensvorstellungen gesprochen, darüber, was Ihnen wichtig ist und was Sie ganz und gar nicht mögen. Doch wie sieht es heute aus? Auch Ihr Partner/Ihre Partnerin sieht vielleicht inzwischen einiges anders, seit Sie Eltern sind. Wie ist sein/ihr Standpunkt jetzt? Finden Sie es heraus – ganz in Ruhe, am besten gemeinsam.

Wenn zwei Eltern sich streiten ...

Denkpause: Welches sind die Top-Werte meines Partners/meiner Partnerin?

Kopieren Sie die Werte-Liste auf Seite 58/59. Anschließend kann Ihr Partner/Ihre Partnerin eigene Werte-Porträts notieren und Hitlisten erstellen. Das wird sicher sehr spannend für Sie beide. Eine wunderbare Gelegenheit, sich intensiv miteinander austauschen.

▸ Top-Werte meines/r Partners/in:

Platz 1: .... Platz 3: ....

Platz 2: .... Platz 4: ....

▸ Erziehungs-Werte-Hitliste meines/r Partners/in:

Platz 1: .... Platz 3: ....

Platz 2: .... Platz 4: ....

▸ Negativ-Hitliste meines/r Partners/in:

Platz 1: .... Platz 3: ....

Platz 2: .... Platz 4: ....

Hat Ihr Partner/Ihre Partnerin jedoch partout keine Lust zu solchen »Denkpausen«, drängeln Sie nicht. Zeigen Sie ihm/ihr in einer ruhigen Stunde das, was Sie selbst erarbeitet haben. Sprechen Sie mit ihm/ihr über Ihre persönlichen Wertvorstellungen. Haben Sie Geduld und machen Sie deutlich, dass Ihnen dieses Thema am Herzen liegt.

Erzählen Sie Ihrem Partner von den Werten, die Ihnen wichtig sind – Sie werden sehen, sofort kommt eine Diskussion in Gang.

Familienwerte: Was wollen wir zu Hause leben?

Nun wissen Sie beide genau, was Ihnen selbst im Leben wichtig ist und was Sie Ihrem Kind gern weitergeben möchten. Wahrscheinlich stimmen Sie nicht in allen Punkten hundertprozentig mit Ihrem Part-

Einigkeit in Fragen der Werte macht Ihre Familie stark.

In Zeiten der Krisen und der Unsicherheit erleben die Sinnsuche und damit die Werte eine Renaissance.

ner/Ihrer Partnerin überein. Das ist kaum zu erwarten und auch völlig in Ordnung. Doch wenn Sie als Eltern konsequent sein wollen, sollten Sie zusammen an einem Strang ziehen. Und dazu brauchen Sie Familienwerte. Am besten einigen Sie sich deshalb gemeinsam darauf, welche Ihrer Werte Sie zu Hause mit Ihrer Familie wirklich tagtäglich leben wollen und Sie alle gemeinsam tragen.

Ein Beispiel dafür ist der Glaube: Viele Erwachsene gehören inzwischen keiner Kirche mehr an, Gottesdienste besuchen sie nicht. Trotzdem feiert gerade jetzt, in Zeiten von Terrorangst und Wirtschaftskrise, die Suche nach einem Sinn im Leben ein Comeback. Immer mehr Menschen glauben wieder an eine »höhere Macht«, die ihr Leben beeinflusst. Und 64 Prozent aller Deutschen meinen, laut einer Emnid-Umfrage im Auftrag des evangelischen Magazins »Chrismon«, Beten würde ihnen gut tun. Und das vermitteln sie auch ihren Kindern. Glaube, Liebe, Sicherheit, Mitgefühl und Familiensinn – solche traditionellen Werte erleben zurzeit ebenso wie die Sinnsuche eine Renaissance. Auf der anderen Seite bemühen sich immer mehr Eltern, ihre Kinder stark zu machen für den zunehmenden Wettbewerb in unserer Gesellschaft. In diesen Familien sind dann eher Werte wie Ehrgeiz, Durchsetzungskraft, Fleiß, Leistung und Erfolg gefragt. Wie sieht es bei Ihnen zu Hause aus? Gibt es bereits solche Familienwerte?

Denkpause: Welche Familienwerte vertreten wir?

Nehmen Sie beide in einer ruhigen Stunde Ihre verschiedenen Werte-Hitlisten zur Hand, und gehen Sie sie gemeinsam durch:

▶ Gibt es Werte, die bei Ihnen beiden hoch im Kurs stehen?

▶ Gibt es Werte, die Sie beide Ihrem Kind mitgeben möchten?

▶ Gibt es Werte, die nur einem von Ihnen wichtig sind, die der andere aber bereit ist zu tolerieren?

▶ Gibt es Werte, bei denen Sie nicht übereinstimmen, Sie sich aber trotzdem auf einen Kompromiss einigen können?

▶ Welche Werte wurden in Ihren Elternhäusern hochgehalten? Möchten Sie davon beide welche übernehmen? Wenn ja, welche?

Unsere Familienwerte sind:

1. .... 2. .... 3. ....

Fazit

▶ Wer konsequent sein will, braucht Werte. Nur wer genau weiß, was ihm im Leben wichtig ist, nimmt einen festen Standpunkt ein.

▶ Jeder hat seine eigenen Top-Werte und verbindet damit ganz bestimmte Vorstellungen. Und jeder hat eine ganz persönliche Hitliste von Werten, die er seinem Kind weitergeben möchte.

▶ Mütter und Väter können durchaus unterschiedliche Wertvorstellungen haben. Doch als Eltern sollten sie sich auf einen gemeinsamen Minimalkatalog an Familienwerten einigen.

▶ Diese Familienwerte sollten beide ihrem Kind gegenüber einheitlich vertreten. Eltern, die in wichtigen Fragen immer wieder gegensätzliche Entscheidungen treffen, sind nicht konsequent.

Finden sie gemeinsam mit Ihrem Partner heraus, welche Werte Sie beide gegenüber Ihrem Kind vertreten wollen.

Nur Eltern, die feste Erziehungsziele haben, können sie auch
konsequent verfolgen

Erziehungsziele
festlegen

Was möchte ich meinem
Kind mitgeben?

Gemeinsame Erziehungsziele finden

»Das mag ich nicht!« schallt es über den Mittagstisch. Demonstrativ schiebt Martin (7) seinen Teller weg. »Probier doch wenigstens mal«, versucht Elga (36) ihrem Sohn den leckeren Gemüseeintopf schmackhaft zu machen. »Nein, ich mag das nicht«, beharrt Martin. Nach weiteren fünf Minuten Gemecker hat er seine Mutter – wieder einmal – weich gekocht: Elga macht ihm seine geliebten Würstchen heiß, dazu gibt's Ketchup und Toast. Dabei wollte sie ihr Kind doch gesund ernähren ...

Werte entwickeln sich schon sehr früh im Leben der Kinder. Deshalb müssen Eltern von Anfang an konsequent ihre Erziehungsziele verfolgen.

Kinder und Essen – ein Kapitel für sich! Wenn Sie Wert auf eine gesunde und abwechslungsreiche Ernährung für Ihr Kind legen, hilft nur eines: Schluss mit Extrawürsten und süßen Zwischenmahlzeiten – und zwar ganz konsequent!

Ziele-Checkliste: Welche Ziele wollen wir in der Erziehung verfolgen?

Werte entwickeln sich, wie eine amerikanische Langzeitstudie gezeigt hat, schon sehr früh im Leben von Kindern. Und was kleine Leute erst einmal verinnerlicht haben, hält sich erstaunlich stabil bis in ihr Erwachsenenalter hinein. Für uns Eltern heißt das, dass wir so früh wie möglich festlegen müssen, wie wir unser Kind erziehen wollen und welche Ziele wir dabei im Auge haben. Denn nur wenn wir uns konkrete Ziele gesteckt haben, können wir sie auch konsequent verfolgen – jeden Tag, selbst in Hektik und Chaos.

Denkpause: Mein Kind an seinem 20. Geburtstag

Setzen Sie sich entspannt und ungestört hin, schließen Sie Ihre Augen, und malen Sie sich aus, dass Sie heute eine Party geben. Ihr Kind feiert seinen 20. Geburtstag. Wie wünschen Sie es sich dann:

▶ Wie sieht es aus?

▶ Was ist es für ein Mensch geworden? Ist es freundlich, still, bescheiden, fröhlich, hilfsbereit ...?

▶ Welche Schulausbildung hat es abgeschlossen? Mit welchem Erfolg?

▶ Wie sehen seine Pläne für die Zukunft aus? Hat es bereits eine Berufsausbildung oder ein Studium begonnen? Welche Richtung hat es eingeschlagen?

▶ Was sind seine Lieblingsbeschäftigungen, seine Hobbys, seine Leidenschaften?

▶ Engagiert es sich für irgendetwas? Wenn ja, für was? Wofür setzt es sich ein? Hinter welchen Wertvorstellungen steht es?

▶ Wie kommt es im Leben zurecht?

▶ Hat es viele Freunde? Ist es beliebt? Wird es respektiert? Wie verhält es sich anderen gegenüber?

▶ Wie reden andere hinter seinem Rücken über Ihr Kind?

▶ Wie ist sein Verhältnis zu Ihnen und zum Rest der Familie? Wie verhält es sich Ihnen gegenüber?

Haben Sie ein klares Bild davon, wie Sie sich Ihr Kind mit 20 Jahren wünschen? Dann notieren Sie sich in Stichworten alles, worüber Sie sich besonders freuen würden.

Wenn Sie ein klares Bild davon haben, wie Sie sich Ihr Kind als 20-Jährige/n wünschen, ergeben sich Ihre Erziehungsziele von ganz allein.

»Die Visionen
bestimmen den
inneren Kompass.«
(Hedwig Kellner,
Management-
trainerin)

Die richtige Richtung finden

So ein imaginärer Blick in die Zukunft hilft immer weiter. Denn durch unsere Wünsche, Sehnsüchte und Visionen kann uns unser Unterbewusstsein sehr gut zeigen, was wir im Leben erreichen möchten. »Wenn Sie als Eltern noch danach suchen, welche Richtung Sie in der Erziehung Ihres Kindes einschlagen wollen, schauen Sie sich die Vision von Ihrem erwachsenen Kind genau an. Wahrscheinlich liegen Ihre Erziehungsziele dann offen auf der Hand. Die amerikanische Psychologin Robin Harwood hat festgestellt, dass sich die Wünsche von Eltern in fünf Gruppen zusammenfassen lassen:

▸ Sie wollen, dass sich die Fähigkeiten, das Selbstbewusstsein und die Unabhängigkeit ihres Kindes optimal entwickeln können.

▸ Sie bemühen sich, ihrem Kind Selbstkontrolle und Selbstbeherrschung von negativen Gefühlen und Aggressionen zu vermitteln.

▸ Sie möchten, dass ihr Kind fähig ist zu emotionaler Wärme und zu engen Bindungen mit anderen Menschen.

▸ Mütter und Väter wollen, dass ihr Kind ethische Werte wie Fleiß, Verantwortungsbewusstsein, Ehrlichkeit und Toleranz verinnerlicht.

▸ Sie erhoffen sich gutes Benehmen, Respekt anderen Menschen gegenüber, Familiensinn und das Anerkennen von Autorität.

Wohin tendieren Sie? Welche langfristigen Erziehungsziele liegen Ihnen besonders am Herzen?

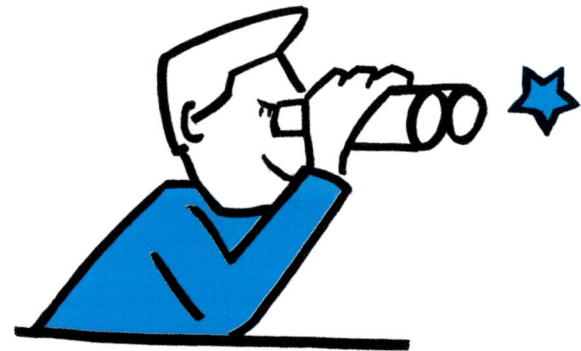

Ein Blick in die Zukunft zeigt Eltern die richtige Richtung.

Denkpause: Wie sehen meine Erziehungsziele aus?

Erinnern Sie sich daran, was Kinder wirklich brauchen, um glücklich zu sein: an die fünf wichtigsten Glücksfaktoren (Seite 30 ff.). Schauen Sie noch einmal in Ruhe Ihre Werte-Hitlisten und die Liste Ihrer Familienwerte durch. Und nehmen Sie dann die Vision von Ihrem Sohn/Ihrer Tochter mit 20 Jahren dazu. Jetzt können Sie sicher Ihre ganz persönliche Ziele-Checkliste formulieren:

In der Erziehung meines Kindes möchte ich folgende Ziele erreichen:

1. ....
2. ....
3. ....
4. ....
5. ....

Top-Ziele: Was wollen Sie auf jeden Fall erreichen?

Nicht nur Werte, auch Erziehungsziele sind eine ganz persönliche Angelegenheit. So möchte zum Beispiel Bischöfin Dr. Margot Käßmann Kindern unbedingt »eine gute Portion Hoffnung« mit auf ihren Lebensweg geben. Und die Wissenschaftsjournalistin Katharina Zimmer plädiert dafür, kleine Leute »widerstandsfähig und selbstbewusst« – so auch der Titel eines ihrer Bücher – zu machen: »Das Fernziel«, schreibt sie, »sind nicht nur starke Kinder, die sich in einer wandelbaren, manchmal feindlichen Welt bewähren, sondern starke, mitfühlende Kinder in einer Zukunft, in der Mitgefühl zu den höchsten Werten gehören könnte.«

Selbstständigkeit und Freiheit sind für die meisten Eltern heute Top-Erziehungsziele. Dafür votierten bei einer Umfrage der Zeitschrift »Familie & Co« 63,9 Prozent der befragten Mütter und Väter. Sehen Sie das genauso?

Erziehungsziele müssen zu den Wertvorstellungen und der Lebensweise der Eltern passen – nur dann können sie konsequent verfolgt werden.

Welche Ziele auch immer für Sie ganz persönlich bei der Erziehung Ihres Kindes Priorität haben, ist ganz allein Ihre Entscheidung. Lassen Sie sich also nicht bevormunden und verunsichern. Sie als Eltern wissen selbst am besten, was zu Ihren Wertvorstellungen, zu Ihrer Lebensweise, zu Ihrer Familie und vor allem zu Ihrem Kind passt. Wer sich selbst zum Beispiel nur von Fast Food und Chips ernährt, wird seinem Nachwuchs kaum Vollwertkost schmackhaft machen können. Ihre Erziehungsziele müssen stimmig sein – dann können Sie sie auch konsequent verfolgen.

Denkpause: Was sind meine Top-Ziele in der Erziehung?

Damit Sie sich im Alltag nicht verzetteln, sollten Sie auch hier Prioritäten setzen. Sehen Sie sich dazu Ihre Ziele-Checkliste noch einmal in Ruhe an. Dann vermerken Sie hinter jedem Ziel: »unverzichtbar«, »sehr wichtig«, »wichtig« oder »weniger wichtig«. Haben Sie in einer Kategorie mehrere Ziele, versuchen Sie eine Rangfolge aufzustellen (Platz 1, 2, 3 ...). So legen Sie Ihre Prioritäten fest: »Unverzichtbar: 1, 2 ...«, »Sehr wichtig: 1, 2 ...«, »Wichtig: 1, 2 ...«, »Weniger wichtig: 1, 2 ...«. Heraus kommt eine Hitliste mit Ihren ganz persönlichen Top-Zielen:

Platz 1: ....   Platz 3: ....

Platz 2: ....   Platz 4: ....

▶ Gibt es Ziele, die Sie auf gar keinen Fall verfolgen möchten, die Sie komplett ablehnen? Notieren Sie sie, und stellen Sie auch hier wieder eine Rangfolge auf. So bekommen Sie die Hitliste Ihrer ganz individuellen Negativ-Ziele:

Platz 1: ....   Platz 3: ....

Platz 2: ....   Platz 4: ....

Ziele-Konkurrenz: Welche Ziele verfolgt mein Partner/meine Partnerin?

»Stell dich nicht so an. Jungen weinen nicht. Wehr dich, wenn dir jemand was tut«, staucht Kai (41) seinen Sohn Mario (8) zusammen. Lisa verzärtelt ihn einfach zu sehr, denkt er für sich. Wie soll so ein richtiger Mann aus ihm werden? – »Zurückschlagen nützt gar nichts«, meint Lisa (40) denn auch sofort. Ihr Mario soll doch nicht so ein harter, unsensibler Kerl werden! »Erzähl doch erst mal. Was ist denn passiert? Hattest du Ärger auf dem Fußballplatz?«, hakt sie nach. Doch Mario marschiert schon stur aus dem Zimmer ...

Konkurrierende Zielvorstellungen von Vater und Mutter verwirren das Kind und verhindern jede Konsequenz in der Erziehung.

Macho oder Softie? Da scheiden sich in vielen Familien immer noch die Geister von Mama und Papa. Das Problem dabei: Kleine Männer bekommen dadurch absolut widersprüchliche Botschaften von ihren Eltern. Das verwirrt total. Kein Wunder, dass Jungen heute oft nicht wissen, wie »Mann« sein soll. So markieren sie den coolen Macker, selbst wenn ihnen zum Heulen zumute ist. Jungen brauchen dringend, da sind sich alle Experten einig, eine klare Linie.

Doch konkurrierende Zielvorstellungen von Müttern und Vätern schaden nicht nur kleinen Kerlen. Sie tun keinem Kind gut. Selbst wenn »nur« unterschwellige Signale ausgesandt werden, sorgen sie für Verwirrung und untergraben damit jede elterliche Konsequenz. Da ist es schon besser, Sie als Eltern machen sich bewusst, dass Sie unterschiedliche, vielleicht sogar gegensätzliche Erziehungsziele Ihres Sohnes oder Ihrer Tochter vertreten. Dann gelingt es Ihnen sicher auch, in bestimmten Punkten eine gemeinsame Linie zu finden – im Interesse Ihres Kindes.

Eltern als Wegweiser – nicht immer eindeutig für Kinder.

Denkpause: Welche Ziele sind meinem Partner/meiner Partnerin wichtig?

Bitten Sie Ihren Partner/Ihre Partnerin, sich zur Einstimmung auch Ihr Kind an seinem 20. Geburtstag vorzustellen und sich Stichworte zu seiner/ihrer Vision zu notieren. Anschließend sollte er/sie sich ebenfalls noch einmal an die fünf Glücksfaktoren (S. 30) erinnern sowie seine Werte-Hitlisten und Ihre gemeinsamen Familienwerte nochmals durchlesen. Nun kann Ihr Partner/Ihre Partnerin seine/ihre eigene Ziele-Checkliste aufstellen und daraus seine/ihre Prioritäten, aber auch Negativ-Ziele herausziehen.

▸ Top-Ziele meines/r Partners/in:

Platz 1: .... Platz 3: ....

Platz 2: .... Platz 4: ....

▸ Negativ-Hitliste meines/r Partners/in:

Platz 1: .... Platz 3: ....

Platz 2: .... Platz 4: ....

Auch hier gilt wieder: Wenn Sie Ihren Partner nur schwer zur Mitarbeit motivieren können, drängeln Sie nicht, sondern erzählen Sie ihm in einer ruhigen Minute von Ihren Erziehungszielen – er wird sich dann eher auf ein Gespräch einlassen.

Familienziele: Was wollen wir für unser Kind erreichen?

Na, ziehen Sie als Eltern schon beide gemeinsam am Erziehungsstrang in eine Richtung? Oder sind Ihre Vorstellungen davon, was Sie erreichen möchten, bisher doch recht unterschiedlich? Verwunderlich wäre das nicht. Schließlich bringt jeder von Ihnen ganz persönliche Familien- und Lebenserfahrungen mit. Und die beeinflussen natürlich auch das, was Sie sich für Ihr Kind und Ihre eigene Familie langfristig wünschen. Gehen Sie deshalb noch einmal auf eine gedankliche Reise, und malen Sie sich, jeder von Ihnen für sich, Ihre ganz persönliche Traumfamilie aus.

*Die Traumfamilie –
Wunsch oder
Wirklichkeit?*

Denkpause: Wie sieht meine Traumfamilie aus?

Machen Sie es sich bequem, schließen Sie die Augen, und versuchen Sie, sich zu entspannen. Dann erwecken Sie Ihre Traumfamilie zum Leben:

▶ Wer gehört zu dieser Familie? Gibt es andere sehr nahe stehende Personen? Hat die Familie Tiere?

▶ Wie lebt sie? Wie sieht ihr Tagesablauf aus?

▶ Was sind die Lieblingsbeschäftigungen des/r Kindes/r? Welche Hobbys haben die Eltern?

▶ Wie läuft es bei den Kindern in der Schule, im Sportverein oder mit Freunden?

▶ Wie ist die Stimmung zu Hause? Wie gehen die Familienmitglieder miteinander um? Wie läuft es zwischen Eltern und Kind/ern?

▶ Welche Probleme gibt es?

▶ Gibt es irgendwelche Besonderheiten in dieser Familie?

Notieren Sie sich anschließend die wichtigsten Punkte.

Klar, Traumfamilien gibt es nur im Fernsehen, denn das Leben ist keine Seifenoper. Lassen Sie sich trotzdem auf dieses Experiment ein. Sie können dadurch wunderbar Ihre Wünsche erkennen – und so auch Ihre Erziehungsziele herausfinden.

Nehmen Sie sich Zeit, um Ihre Familienziele in Ruhe auszuhandeln. Vielleicht können Sie Ihr Kind sogar mal bei den Großeltern lassen und sich ein Wochenende ganz ausklinken.

Nachdem Sie sich Ihre Traumfamilie ausgemalt haben, kennen Sie Ihre (geheimen) Wünsche. Fällt es schwer, in den Alltag zurückzukehren? Ist der Unterschied zwischen Traum und Wirklichkeit groß? Auch darüber sollten Sie noch einmal in Ruhe nachdenken.

Nun haben Sie viele Denkanstöße bekommen. Schlafen Sie am besten einmal darüber, bevor Sie den nächsten wichtigen Schritt tun: zusammen mit Ihrem Partner/Ihrer Partnerin Ihre gemeinsamen Familienziele auszuhandeln. Aber denken Sie auch hier wieder daran: Jeder von Ihnen hat seine ganz eigenen Vorstellungen. Sie müssen nicht krampfhaft ein gemeinsames »Zielprogramm« verabschieden, das Sie später im Alltag ohnehin nicht konsequent verfolgen. Bemühen Sie sich stattdessen besser um einen Minimalkonsens, hinter dem Sie wirklich beide mit ganzem Herzen stehen können.

Denkpause: Traum und Wirklichkeit

Schließen Sie die Augen, und lassen Sie Bilder davon entstehen, wie Ihr Leben mit Ihrer wirklichen Familie zurzeit aussieht:

▶ Wie ist Ihr tatsächlicher Tagesablauf?

▶ Welche Vorlieben haben Ihre Kinder und Sie selbst?

▶ Wie gehen Sie zu Hause miteinander um?

▶ Welche Probleme gibt es? Gibt es Schwierigkeiten mit den Kindern?

▶ Wann läuft alles gut? Wann gibt es Ärger?

Rufen Sie sich jetzt noch einmal kurz Ihre Traumfamilie ins Gedächtnis, und vergleichen Sie sie ganz bewusst mit Ihrem Alltag:

▶ Wo ist der Unterschied zwischen Traum und Wirklichkeit am größten?

▶ Was muss in Ihrer Familie anders, besser werden?

Machen Sie sich auch hier wieder Notizen von dem, was Ihnen am wichtigsten erscheint.

Bleiben Sie realistisch!

Nicht jedes Kind kann Wissenschaftler oder Profifußballspieler werden. Es nützt weder Ihnen selbst noch Ihrem Sprössling etwas, wenn Sie Ihre Ziele zu hoch stecken oder zu detailliert in die Zukunft hinein ausmalen. Das sorgt nur für Stress und Frust, und Sie gängeln Ihr Kind damit und demolieren auf Dauer sein Selbstwertgefühl. Mit konsequenter Erziehung hat das nichts mehr zu tun.

Erziehungsziele sind keine Lebensziele!

Auch wer Familienziele im Hinblick auf die Erziehung mit seinen eigenen (nicht erreichten) Lebenszielen verwechselt oder seinem Sohn oder seiner Tochter einen bestimmten Weg aufzwängen will, tut seinem Kind damit nichts Gutes. »Vorgaben hinsichtlich sozialer und moralischer Werte sind wichtig und sinnvoll, sie ermöglichen dem Kind Orientierung darüber, was richtig und falsch ist«, meint die Entwicklungspsychologin Dr. Birgit Leyendecker, die an der Ruhr-Universität Bochum über Erziehungsziele forscht, und fordert: »Langfristig sollten Eltern jedoch auch lernen, darauf zu achten, was ihre Kinder wollen und wie sie die besonderen Interessen und Begabungen der Kinder unterstützen können. Eine Kontinuität in den Lebenswerken, -zielen und Werten muss passen. Eltern müssen sich also damit abfinden, dass ihre Kinder nicht unbedingt für Kontinuität in den Familientraditionen stehen, sondern dass hier auch Neues entstehen kann.«

Also Auch wenn Papa will, dass sein Sohn den Familienbetrieb übernehmen soll, und Mama sich wünscht, dass ihre Tochter studiert und emanzipiert Karriere macht – wichtig ist immer, was der Nachwuchs von sich aus will. Sogar, wenn Sie nur sein Bestes wollen! Denn bei Ihren eigenen Familien-Erziehungszielen geht es nicht um die Lebensziele Ihres Kindes. Die muss es schon irgendwann auf seinem Weg zum Erwachsensein für sich ganz allein entdecken.

Stecken Sie Ihre Ziele nicht zu hoch!

Nicht vergessen: Bei Ihren Familien-Erziehungszielen geht es nicht um die Lebensziele Ihres Kindes!

Denkpause: Welche Familienziele wollen wir langfristig verfolgen?

Sehen Sie sich noch einmal Ihre Notizen über Ihr Kind an seinem 20. Geburtstag, über Ihre Traumfamilie sowie über Traum und Wirklichkeit an. Nehmen Sie auch Ihre Ziele-Hitlisten zur Hand. Nun gehen Sie alles gemeinsam durch:

▶ Gibt es Ziele, die bei Ihnen beiden hoch im Kurs stehen?

▶ Gibt es Ziele, die Sie beide langfristig auf jeden Fall erreichen möchten?

▶ Gibt es Ziele, die nur einem von Ihnen wichtig sind, die der andere aber tolerieren kann?

▶ Gibt es Ziele, bei denen Sie nicht übereinstimmen, Sie sich aber trotzdem auf einen Kompromiss einigen können?

▶ Welche dieser gemeinsamen Ziele möchten Sie auf jeden Fall als Familienziele verfolgen? Welche Ziele sollen in Ihrer Familie absolute Priorität genießen?

Unsere Familienziele sind:

1. .... 2. .... 3. ....

Wer seine Erziehungsziele erreichen will, muss sie konsequent verfolgen.

Erziehungsaufgaben: Was soll mein Kind im Alltag lernen?

Von der Vision zur Aktion – das ist manchmal gar nicht so einfach. Ziele vor Augen zu haben ist wunderbar. Doch eine Chance, sie tatsächlich zu erreichen, haben Sie nur, wenn Sie sie auch in Ihrem Familienalltag konsequent verfolgen – so früh wie möglich und jeden Tag aufs Neue. Konkrete Handlungen, klar und eindeutig auf ein Ziel ausgerichtet, sind gefragt.

Seien Sie konsequent und ein gutes Vorbild!

»Danke heißt das«, beschwert sich Oma Hilde. Doch Maximilian (3)
zieht mit dem neuen Bilderbuch nur wortlos in sein Zimmer ab. »Er
ist doch noch so klein«, nimmt Mara (34) ihren Sohn in Schutz. »Was
erwartest du von ihm? Das lernt er schon noch.« – »Aber ich dach-
te, du wolltest ihn zu einem höflichen Menschen erziehen?«, kontert
ihre Mutter. »Wann willst du damit anfangen?«

Wer sich ein Kind wünscht, das sich später auf dem Parkett des Lebens
in den unterschiedlichsten Situationen sicher und perfekt zu benehmen weiß, sollte unbedingt versuchen, ihm Höflichkeit zu vermitteln. Danke sagen, für Geschenke ebenso wie für das Glas Apfelsaft
zum Mittagessen, gehört dann von klein auf ganz selbstverständlich
dazu. Genauso wie das Zauberwort »Bitte«, ein freundliches »Guten
Tag!« oder ein »Entschuldigung«, wenn ein Malheur passiert ist. Und
wenn Sie immer wieder konsequent darauf bestehen und selbst ein
gutes Vorbild sind, gehen Ihrem Sprössling diese Dinge bald in Fleisch
und Blut über.

Das beste Mittel, um höfliche Kinder zu bekommen: selbst ein gutes Vorbild abgeben.

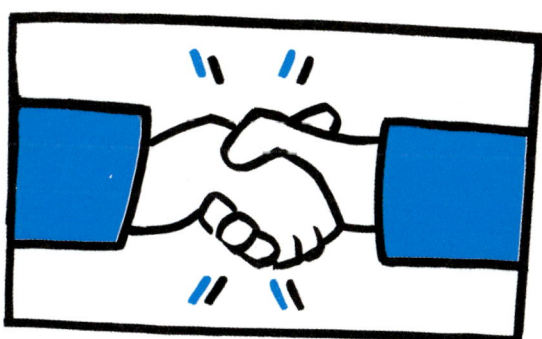

Ein freundliches »Hallo!«, ein fester Händedruck zur Begrüßung – darüber freut sich nicht nur die Oma.

Denkpause: Was muss ich tun, um meine Erziehungsziele zu erreichen?

Schreiben Sie Ihre Vision und Ihr Erziehungsziel in die Mitte eines großen Blattes, und kreisen Sie beides ein. Nun können Sie, immer wenn Ihnen etwas dazu einfällt, rundherum notieren, durch welche konkreten Aktionen Sie Ihr Ziel erreichen können.

Ist Ihre Sammlung Ihrer Meinung nach komplett, verbinden Sie die praktischen Handlungen, die zusammengehören oder aufeinander aufbauen, durch Pfeile. Überlegen Sie dabei, was jetzt sofort von seinem Alter und seiner Entwicklung her zu Ihrem Kind passt und was vielleicht erst später machbar ist.

Zum Schluss suchen Sie eine konkrete Aktion heraus, mit der Sie den ersten Schritt machen wollen.

Erziehungsziele müssen stimmig zu Ihrer Lebensweise passen. Sonst bekommen Sie Probleme bei ihrer Umsetzung.

Die wenigsten Probleme werden Sie natürlich bei der Umsetzung solcher Erziehungsziele haben, die stimmig zu Ihnen und Ihrer Lebensweise passen. Wer zum Beispiel selbst nur selten vor dem Fernseher sitzt, die Sendungen gezielt nach Inhalt aussucht, bei Werbung abschaltet und jede Form von Nebenbeiberieselung vermeidet, hat es garantiert nicht schwer, auch mit seinem Kind schon früh eine kritische Distanz zu diesem Medium einzuüben. Bei anderen Erziehungszielen ist Ihnen vielleicht noch nicht so ganz klar, wie Sie sie konkret in Ihrem Familienalltag in Aktionen umsetzen sollen. Machen Sie sich, wenn Sie Zeit und Ruhe dafür haben, ruhig einmal Gedanken darüber.

Das hört sich vielleicht kompliziert an – ist es aber nicht. Probieren Sie es einfach mal. Schon allein dadurch, dass Sie sich Gedanken darüber machen, werden Sie etwas in Bewegung setzen. Nur Mut!

Der erste Schritt

»Die längste Saharadurchquerung wie auch der Weg zum anspruchs-
vollsten Ziel beginnt mit einem ersten kleinen Schritt«, weiß Erfolgstrainerin Sabine Asgodom aus München. Fangen Sie also einfach an,
und lassen Sie sich nicht beirren. Nach mehreren kleinen Schritten,
konsequent geradeaus, haben Sie zusammen mit Ihrem Kind schon
ein ordentliches Stück Weg in die für Sie richtige Richtung zurückge-
legt. Und Ihr Ziel rückt immer näher.
Entscheidend für Ihren Erfolg ist letztendlich Ihre Konsequenz. Doch
jetzt, wo Sie inzwischen genau wissen, was Sie unbedingt erreichen
wollen, sind Sie dafür schon gut gerüstet.

Mit vielen kleinen Schritten bewältigt man auch lange Wege.

Fazit

▶ Nur wer sich konkrete Ziele in der Erziehung steckt, kann sie auch
konsequent verfolgen.

▶ Visionen helfen, die eigenen Erziehungsziele zu entdecken. Sie zeigen wie ein Kompass in die richtige Richtung.

▶ Eltern entscheiden ganz allein, welche Ziele sie bei der Erziehung
ihres Kindes verfolgen wollen und welche Ziele für sie absolute Priorität genießen.

▶ Mütter und Väter, die widersprüchliche Ziele verfolgen, verwirren
ihr Kind. Die nötige Konsequenz bleibt dabei auf der Strecke.

▶ Eltern sollten realistisch in ihren Zielen sein und ihre Erziehungsziele nicht mit den Lebenszielen ihres Kindes verwechseln. Die muss
es ganz allein für sich entdecken.

▶ Am einfachsten erreichen Eltern Erziehungsziele, die absolut stimmig zu ihrer Lebensweise und Lebenseinstellung passen. Bei diesen
Zielen fällt es ihnen am leichtesten, ihrem Kind gegenüber konsequent zu sein.

Klare Grenzen geben Kindern Halt,
Orientierung und Sicherheit

Grenzen
setzen

Welche Linie
gebe ich vor?

Grenzen festlegen und einhalten

Für viele Eltern haben klare Grenzen und Konsequenzen ein negatives Image – nicht zuletzt wegen ihrer eigenen Kindheitserinnerungen.

Lorenz (5) ist verschwunden. Im Garten, vor der Garage, auf der Straße, bei den Nachbarn – überall hat Natalie (32) schon gesucht. Aber ihr Sohn ist nirgends zu sehen. Nur einen kurzen Augenblick hat sie ihn aus den Augen gelassen, und wieder einmal ist er – wie schon so oft in letzter Zeit – ausgebüxt. Schnell läuft Natalie los. Sie hat Angst. Nur zweimal um die Ecke, und schon kommt man aus dem ruhigen Wohngebiet an eine viel befahrene Straße. Die muss man überqueren, um zum Spielplatz gleich neben dem Ententeich in einem kleinen Park zu kommen. Ein riskantes Abenteuer! Schon von weitem sieht Natalie Lorenz auf dem Klettergerüst herumturnen. Sie ist erleichtert, aber auch sauer. Schließlich hat sie ihm schon x-mal gesagt hat, dass er hier noch nicht allein hingehen darf. Aber die Gartenpforte hat sie bisher auch nie abgesperrt ...

Grenzenlose Freiheit – eine verlockende Idee für kleine wie für große Leute, doch auch ganz schön gefährlich! Nicht nur für den Körper wie im Fall des Ausreißers Lorenz, sondern auch für Geist und Seele. Trotzdem sind Grenzen in vielen Familien nach wie vor verpönt. Eindeutige Regeln und klare Konsequenzen haben für Eltern oft immer noch ein äußerst negatives Image.

»Unsere Kinder sind durch die modernen Lebensbedingungen ohnehin schon begrenzt und eingeengt genug«, meinen die einen. »Nur nicht zu streng sein!«, fordern die anderen angesichts ihrer eigenen, oft unangenehmen Kindheitserfahrungen.

Grenzen: Warum sie für Kinder so wichtig sind

Strenge und Autorität sind zurzeit völlig out. Der Kindheitsforscher Hans Brügelmann fasste die Ergebnisse der »Kids 2001«-Studie mit den Worten zusammen: »Früher gab es den Befehlshaushalt, heute eher den Verhandlungshaushalt, in dem Kinder ein Mitspracherecht haben.« Dass dies in den meisten Familien sehr weitreichend ist, zeigt sich daran, dass bei besagter Befragung 80 Prozent der Zehn- bis Zwölfjährigen ihren Eltern eine gute Erziehung bescheinigten – ganz nach dem Motto »Sie reden uns nicht viel rein!«. Doch kann Erziehung ohne Grenzen tatsächlich gut sein?

Grenzen setzen bedeutet nicht automatisch gängeln. Grenzen haben grundsätzlich nichts mit autoritärem Verhalten und der früher üblichen Befehls-und-Gehorsam-Mentalität, mit Härte und Willkürakten zu tun. Zumindest nicht, wenn das Grenzensetzen von Ihnen als Eltern richtig und liebevoll verstanden wird.

Denn Grenzen erfüllen in der Erziehung eines Kindes zunächst einmal vier wichtige Aufgaben:

Nur 9,5 Prozent aller 4000 in einer Studie für die Zeitschrift »Familie & Co« befragten Eltern hielten Strenge in der Erziehung ihrer Kinder für wichtig.

1. Grenzen schützen vor Gefahren ...

... und nicht nur vor körperlichen wie Krankheiten, Unfällen und Verletzungen, sondern auch vor anderen Lebensrisiken, mit denen Ihr Kind noch nicht allein zurechtkommen könnte. So würden Sie garantiert sofort einschreiten, wenn Ihre Tochter mitten im Winter ohne Strümpfe in den Kindergarten gehen wollte oder Ihr Zweijähriger auf die Idee käme, sich mit dem schärfsten Fleischmesser ein Stück Wurst abzuschneiden. Es ist selbstverständlich für Sie, Ihr Kind mit Verkehrsregeln vertraut zu machen und ihm geduldig Ge- und Verbote für Fußgänger und Fahrradfahrer beizubringen. Sie passen auf, dass

Die FSK-Altersfreiga-
be der »Freiwilligen
Selbstkontrolle der
Filmwirtschaft« fin-
den Sie im Kino-Pro-
gramm, auf jeder
Videokassette und in
vielen Fernsehzeit-
schriften. Ein schla-
gendes Argument,
mit dem Sie Ihren
Sprössling sofort
überzeugen können!

Ihr Sprössling keine waghalsigen Klettermanöver unternimmt, dass
er nicht, ohne schwimmen zu können, in tiefes Wasser springt und
dass er nach dem Essen seine Zähne putzt. Kurzum: Sie setzen Grenzen und stellen Regeln auf, um Ihrem Kind eine individuelle Schutz-
zone zu schaffen, in der es seinem Alter und seinen Fähigkeiten entsprechend sicher und gesund leben kann.

Bei kleinen Kindern ist das für Sie als Eltern ganz logisch und normal.
Doch auch ältere Kids brauchen oft noch einen schützenden Schlag-
baum – nicht um sie einzusperren, sondern um ihnen zu zeigen:
»Diese Grenze überschreitest du jetzt (noch) nicht. Hier gehst du besser (noch) nicht weiter, es wäre nicht gut für dich!« So macht es schon
Sinn, dass bestimmte Filme erst ab 16 oder 18 Jahren freigegeben sind
und nicht schon ab 12. Ob Filme, Computer-Spiele, das Internet, Diät-
trends, dubiose Cliquen oder zwielichtige Lokalitäten – Gefahren lau-
ern heute überall. Da kann es nicht schaden, gewisse Grenzen zu zie-

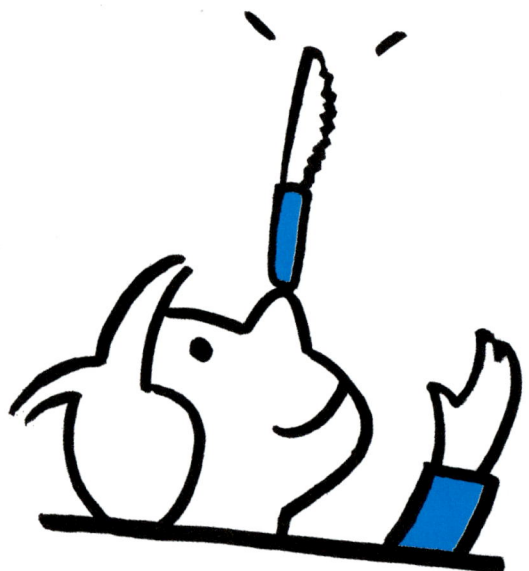

*Klarer Fall für eine
klare Grenze!*

hen, um Kinder und Jugendliche vor Schäden an Körper, Geist und Seele zu bewahren. Je verantwortungsbewusster und selbstständiger die jungen Leute dank Ihrer Hilfe dann werden, desto weiter und offener können diese Grenzen sein. Doch wo Sie genau die Grenzpfähle jeweils einschlagen, müssen Sie als Eltern ganz allein entscheiden. Denn Sie kennen Ihr Kind am besten und können einschätzen, was Sie ihm zutrauen können. Und Sie werden sicher auch als Erste merken, ab wann es Ihre schützenden Grenzen wirklich nicht mehr braucht.

2. Grenzen geben Halt und Orientierung

Grenzen sorgen noch für eine andere Dimension von Sicherheit – nämlich die emotionale. ABC-Schützen wissen zum Beispiel noch nichts von den Regeln und Stundenplänen in der Schule. Alles ist für sie völlig fremd. Das verunsichert und macht Angst. Erst wenn sie die Abläufe kennen und sich einfügen müssen, fühlen sie sich sicher. Grenzen schaffen klare Strukturen mitten im Chaos des Lebens. Das gibt kleinen Leuten ein Gefühl von Stabilität und Geborgenheit im Alltag. Hausaufgaben müssen einfach gemacht werden, auch wenn die Sommersonne zum Abstecher ins Freibad lockt. Um 18 Uhr müssen alle zu Hause sein, weil die Familie dann gemeinsam Abendbrot essen will. Und ohne etwas vom Hauptgericht gibt es keinen Nachtisch.

Auch wenn sie manchmal nervig sind und gerade in diesem Augenblick Freiheiten zu beschneiden scheinen – Grenzen sorgen dafür, dass das Zusammenleben im Alltag problemlos klappt, zum Wohle aller. Keine Familie, keine Schulklasse, keine Fußballmannschaft kann ohne Regeln miteinander auskommen. Erst wenn gewisse Grenzen abgesteckt, Ge- und Verbote aufgestellt sind, weiß jeder genau, woran er ist und was von ihm erwartet wird. So bekommen Kinder einen sicheren Orientierungsrahmen für ihr eigenes Verhalten. Eltern, die klipp und klar sagen, wo's langgeht, sind berechenbar. Auf sie kön-

> Grenzen müssen immer wieder überprüft werden – damit Sie nicht verpassen, wenn Ihr Kind alt genug ist, um ohne Netz und doppelten Boden zu leben.

nen Kinder sich getrost verlassen. Dagegen irren kleine Leute, die zu früh zu viele Freiräume haben, orientierungslos in der großen weiten Welt herum. Und fühlen sich schnell grenzenlos unsicher und unglücklich. Kinder, die durch eindeutige Grenzen in ihre Schranken verwiesen werden, meutern vielleicht. Aber im Grunde ihres Herzens fühlen sie sich beschützt und geborgen.

3. Grenzen bewahren Würde ...

Grenzen hindern Kinder daran, die Gefühle anderer zu verletzen – auch die Gefühle der Eltern.

... die eigene ebenso wie die von anderen Menschen. Sie als Eltern haben ein Recht darauf, von Ihren Kindern mit Respekt behandelt zu werden. Kids, die ihre Mutter wie eine Dienstbotin herumkommandieren, sollten Sie schleunigst in ihre Schranken verweisen. Das sind Sie Ihrer eigenen Selbstachtung schuldig! Doch umgekehrt haben auch Kinder ein Recht darauf, dass Sie als Eltern respektvoll mit ihnen umgehen. Beleidigungen, Herumbrüllen oder gar der berühmte Klaps auf den Po sollten deshalb absolut tabu sein.

Klare Grenzen machen solche Fehltritte überflüssig. Sie hindern Kinder daran, die Gefühle anderer zu verletzen oder ihnen auf der Nase herumzutanzen. Sie sorgen dafür, dass die Würde anderer Menschen – auch die von Eltern – wirklich unantastbar ist und dass kleine und große Leute respektvoll miteinander umgehen. Kinder, die zu Hause lernen, anderen Menschen mit Achtung und Rücksicht zu begegnen, werden garantiert nicht zum Mobber auf dem Schulhof und behalten im Bus nicht stur Platz, wenn ein gehbehinderter Herr einsteigt. Sie lernen aber auch, ihre eigenen Grenzen anderen gegenüber deutlich abzustecken, Nein zu sagen, wenn sie etwas für sich nicht wollen. Klare Grenzen unterstützen Kinder dabei, nicht alles mit sich machen zu lassen, nicht zu willenlosen Mitläufern zu werden und sich – ob gegen tyrannisierende Klassenkameraden oder anzügliche Nachbarn – zur Wehr zu setzen. So helfen Grenzen Kindern, auch ihre eigene Würde zu wahren.

4. Grenzen sind Reibungspunkte auf dem Weg ins Erwachsenenleben

Wenn Sie als Eltern Grenzen setzen, müssen Sie damit rechnen, dass es früher oder später zu Grenzverletzungen und -streitigkeiten kommt. Wer Fernseh-, Computer- oder Ausgehzeiten festlegt, den Kinobesuch von der Erledigung der Hausaufgaben abhängig macht oder beim Kauf der neuen Turnschuhe ein Preislimit setzt, riskiert, dass die Kids irgendwann dagegen Sturm laufen. Konflikte und Streit sind programmiert. Dann brauchen Sie als Eltern dringend genügend Gelassenheit. Und natürlich eine konsequente Haltung. Denn Grenzen sind der »Zaun«, an dem sich Kinder reiben und gegen den sie anrennen können. Hier können sie sich von ihren Eltern abgrenzen, in Opposition zu ihnen gehen, um so ihre eigenen Fähigkeiten und einen ganz persönlichen Standpunkt zu entwickeln – der manchmal dann doch dem der Eltern sehr nahe kommt.

Grenzen zeigen kleinen Leuten, dass ihr Verhalten Konsequenzen hat. Wer sich entscheidet, innerhalb des abgesteckten Rahmens zu bleiben, muss ebenso mit den Folgen leben wie derjenige, der bewusst die Grenze überschreitet. Sind die Konsequenzen von Grenzverletzungen eindeutig festgelegt, haben Kinder die Qual der Wahl: Gebe ich einen Teil vom mühsam ersparten Taschengeld zu den neuen Turnschuhen hinzu, oder bin ich mit dem preiswerteren Label, das Mama komplett bezahlt, zufrieden? Komme ich pünktlich nach Hause, oder verspäte ich mich bewusst, obwohl die Party am nächsten Wochenende dann für mich gestrichen ist? Esse ich Gemüse und bekomme dann ein Eis zum Nachtisch, oder lasse ich das Essen auf dem Teller und verzichte aufs Süße?

Durch Grenzen lernen Kinder eigenverantwortlich Entscheidungen für sich zu treffen. Das fördert ihre Selbstständigkeit, ihr Verantwortungsbewusstsein und ihr Selbstbewusstsein. Eine freie Entfaltung der

Grenzen sind der Zaun, gegen den Kinder anrennen – durch den sie sich aber auch von den Eltern abgrenzen und einen persönlichen Standpunkt entwickeln können.

*Haupt- und Nach-
speise gibt's nur im
Doppelpack – oder
gar nicht.*

Persönlichkeit gelingt nur mit Hilfe von Grenzen, über die Kinder hinauswachsen können. So helfen die Grenzen der Eltern den Kindern, sich weiterzuentwickeln und erwachsen zu werden. Und machen sich dadurch irgendwann selbst überflüssig. Dann ist es Sache der Kinder, für sich selbst eigene Grenzen festzusetzen.

*Die Qualität der
Grenzen hängt
davon ab, ob sie
unverrückbar sind
und jemand auf ihre
Einhaltung achtet.*

Keine Politik der offenen Grenzen!

Grenzen sind also per se nichts Schlechtes. Scheuen Sie deshalb nicht davor zurück. Nur Mut! Denn ganz ohne Grenzen geht es wirklich nicht in der Erziehung. Doch die Qualität von Grenzen hängt wesentlich davon ab, ob sie beachtet werden und ob jemand für ihre Einhaltung sorgt. Eine »Politik der offenen Grenzen«, die Kindern zu viele Schlupflöcher bietet und so eine einmal gezogene Grenzlinie allzu durchlässig macht, nützt gar nichts. Auch flexibel verschiebbare Grenzen, deren Verlauf sich täglich nach Lust und Laune verändert, bringen Ihnen als Eltern nicht die gewünschten Erfolge. Sie verunsichern Ihr Kind nur. Die Folge sind unproduktive Grenzstreitigkeiten, die zu nichts führen und nur alle nerven.

Ohne Konsequenz geht es also auch nicht! Nicht im Sinne von Einsperren, Unterdrücken oder Beherrschen. Keinesfalls! Diese Zeiten sollten nun wirklich vorbei sein. Aber im Sinne einer klaren und festen Haltung, mit der Sie als Eltern auf Einhaltung der von Ihnen gesetzten Grenzen bestehen. Und natürlich im Sinne von eindeutigen Folgen, die das Überschreiten dieser Grenzen nach sich zieht. Konsequenzen, die Ihr Kind dann selbst tragen muss.

Die Zeiten von Prügeln und anderen demütigenden Strafen sind zum Glück vorbei – aber auch heute noch müssen Grenzüberschreitungen klare Konsequenzen nach sich ziehen.

Markierungen setzen: Die eigene Linie finden

»Zum Geburtstag wünsche ich mir diese neuen Monsterfiguren, die ich euch neulich gezeigt habe«, erklärt Daniel (6) beim Abendessen. »Die sind ja scheußlich!«, protestiert Anna (37) sofort. »Und viel anfangen kannst du mit denen auch nicht«, pflichtet Heiner (42) gleich bei. – »Aber Hannes und Tim haben auch so welche«, mault Daniel. »Dann wäre es doch gerade toll, wenn du etwas anderes Neues hättest«, fährt Anna fort. »Außerdem bin ich nicht bereit, für solchen Plastikkram so viel Geld auszugeben.« Heiner und sie hatten sich nämlich bereits schlau gemacht und danach beschlossen, dass sie Daniel den zwar teuren, aber ausbaufähigen Technik-Baukasten zum Geburtstag schenken wollten. Der passte viel besser in ihr Spielzeugkonzept, das sie von Anfang an verfolgt hatten · lieber weniger, dafür aber qualitativ hochwertige Sachen, die pädagogisch sinnvoll sind. Die hässlichen Monster, die garantiert schnell unbeachtet in der nächsten Ecke landen, würden sie ihrem Sohn also ganz bestimmt nicht kaufen ...

Der Alltag mit Kindern ist voller unerwarteter Herausforderungen. Permanent werden Eltern ganz spontan mit Problemen konfrontiert, die eine schnelle Entscheidung fordern. Wer dann vorschnell etwas erlaubt, was ihm hinterher Leid tut, hat schlechte Karten. Aber auch wenn Sie ins Schleudern geraten, sich mit »vielleicht« und »mal sehen« herausreden, haben Sie schon wichtiges Terrain preisgegeben. Wer Grenzen setzen will, braucht deshalb einen festen Standpunkt, von dem aus er seine eigene Linie festlegen und konsequent vertreten kann. Für Sie inzwischen nichts Neues mehr. So fällt es Ihnen sicher nach allem, was Sie bisher gelesen haben, und den vielen Denkpausen zu Ihren persönlichen Wertvorstellungen, Ihren Top-Werten und Top-Zielen in der Erziehung nicht mehr schwer, Ihren ureigenen Standpunkt zu beziehen. Ihr Vorteil: Sie brauchen von nun an jedes neue Problem nur noch von Ihrem persönlichen Standpunkt aus zu bewerten.

> Ihr persönlicher Standpunkt ist der Maßstab dafür, was Sie akzeptieren und was nicht, also wo Sie Ihre Grenzen ziehen.

Beispiel: Fernsehkonsum

Fernsehen ist für viele Kinder heute die wichtigste Freizeitbeschäftigung und ein Streitpunkt in vielen Familien. Schon in jedem dritten Kinderzimmer steht ein eigenes TV-Gerät. Manche Kids verbringen, wie eine Untersuchung am Psychologischen Institut der Albert-Ludwigs-Universität Freiburg gezeigt hat, fast ein Drittel ihrer Freizeit vor der »Glotze«. Denn von sich aus finden die wenigsten Kinder den Knopf zum Ausschalten. Da müssen schon strikte Grenzen und feste Regeln her, um den Fernsehkonsum in einem vertretbaren Rahmen zu halten. Andererseits wollen Sie als Eltern die Flimmerkiste wahrscheinlich nicht gleich ganz verteufeln. Schließlich ist das Fernsehen aus unserem Alltag nur noch schwer wegzudenken. Für Sie als Eltern heißt das, Ihrem Kind gegenüber Ihre eigene Linie zwischen dem lässig-toleranten »Soll es doch ruhig gucken« und einem Totalverbot zu finden. Mal angenommen, zu Ihren Top-Werten, die Sie gern an Ihr Kind weitergeben möchten, gehören Gesundheit, Bildung, Kritikfähigkeit und Selbstdisziplin, und zwei Ihrer obersten Erziehungsziele sind die Förderung einer kindgerechten Lebensweise mit viel Bewegung und ein mündiger und kritischer Umgang mit Medien wie Fernsehen und Computer. Dann können Sie die Kritikfähigkeit Ihres Sprösslings gegenüber dem Fernsehen und der darin gezeigten Werbung trainieren – vorausgesetzt, Sie machen sich die Mühe, mit Ihrem Sohn oder Ihrer Tochter regelmäßig über das Gesehene zu sprechen, und wählen natürlich die Programme gezielt aus, setzen also qualitative Grenzen. Um trotzdem für ein gesundes und »bewegtes« Kinderleben zu sorgen, müssen Sie jedoch in jedem Fall zusätzlich zeitliche Grenzen fürs Stillsitzen vor dem Fernseher festsetzen. So üben sich kleine Leute beim bewussten und kontrollierten TV-Konsum und dem Einhalten von TV-Regeln langfristig auch in Selbstdisziplin. Von einem festen Standpunkt aus gesehen, besteht für uns, wie dieses Beispiel zeigt, gar kein Zweifel darüber, wo wir unsere eigenen Grenzlinien ziehen. Die nötige Portion Konsequenz und natürlich feste Regeln sorgen für die Einhaltung unserer Grenzen. Das Geheimnis dabei ist, dass Sie diese Regeln im Laufe der Jahre immer wieder verändern und der Entwicklung Ihres Kindes anpassen.

Falls wir nicht ständig unsere Meinung ändern oder uns von außen verunsichern lassen, werden unsere Grenzen, wenn wir sie erst einmal festgelegt haben, auch so schnell nicht anders verlaufen. Es sei denn, wir lassen ohne großen Widerstand zu, dass jemand sie zu seinen Gunsten verschiebt.

Fernsehregeln für die Familie

Für unser Fernseh-Beispiel könnten die praktischen und speziell auf Ihre Familie und Ihr Kind zugeschnittenen Regeln etwa lauten:

▸ Das Familienleben, Freunde und Spielen sind wichtiger als Fernsehen. Wir lassen uns vom TV-Programm nicht unseren Tagesablauf diktieren und nutzen es nicht zur Dauerberieselung.

▸ Bei den Mahlzeiten bleibt das Fernsehgerät immer ausgeschaltet.

▸ Wir gucken nicht aus Langeweile, sondern suchen uns gezielt Sendungen aus, die interessant sind und aus denen wir etwas lernen können. Eine Vorauswahl treffen wir gemeinsam in der Fernsehzeitung.

Je präziser Sie Ihre Regeln formulieren, desto weniger Diskussionen wird es übers Fernsehen geben.

▸ Bestimmte TV-Sender werden erst gar nicht eingeschaltet.

▸ Bis zum sechsten Geburtstag dürfen jeden Tag höchstens 30 Minuten Fernsehen geguckt werden. Danach wird die Regel überprüft. Einzige Ausnahme ist der Tierfilm am Samstagnachmittag, der 45 Minuten dauert.

Einige dieser Regeln sind vielleicht Dauerbrenner. Andere, wie die Minutenbegrenzung, haben jedoch mit Sicherheit ein schnelleres Verfallsdatum. Wenn Sie keinen größeren Grenzkonflikt riskieren wollen, müssen Sie hier von Zeit zu Zeit neue Regelungen treffen (siehe das folgende Kapitel »Regeln: Wie Sie sie richtig aufstellen«). Erst wenn Sie irgendwann das Gefühl haben, Ihr Kind braucht Ihre Grenzen nicht mehr als Schutz, Halt und Orientierung, können Sie dieses Reglement mehr und mehr lockern. Denn ganz allmählich wird Ihr Kind, je reifer und selbstständiger es ist, seine eigenen Grenzen setzen. Und deren Linie kann unter Umständen ganz anders verlaufen als Ihre eigene. Doch solange die Grenzen Ihres Kindes nicht Ihre verletzen, sollten Sie das ganz einfach gelassen akzeptieren und unterstützen. Denn wer das Glück seinen Kindes im Auge hat, muss es irgendwann auch loslassen – ganz konsequent.

Seien Sie standhaft! Wenn es ums Fernsehen geht, ist Kindern jedes Mittel Recht, die Regeln zu unterlaufen.

Denkpause: Wo ziehe ich Grenzen?

Schreiben Sie noch einmal Ihre Top-Ziele auf. Jetzt überlegen Sie, wo im Hinblick auf diese Ziele Grenzen für Sie verlaufen.

▸ Was geht Ihnen entschieden zu weit? Was überschreitet für Sie eindeutig eine Grenze? Was können Sie nicht mehr akzeptieren?

▸ Wo sind Sie bereit, über den Grenzverlauf zu verhandeln?

▸ Wie weit geht Ihre Kompromissbereitschaft? Wie weit sind Sie bereit, Ihre Grenzlinie zu verlegen oder Ihre Grenze zu öffnen?

▸ Wo lassen Sie auf keinen Fall mit sich handeln? Wo gibt es keine Diskussionen? Welche Grenzlinie ist für Sie wirklich unverrückbar?

Regeln: Wie Sie sie richtig aufstellen

Wer seine Grenzen zuerst für sich klar festgelegt hat, kann sie auch seinem Kind gegenüber klarer vertreten.

Jakob (6) strahlt. Endlich hat Papa sich einen neuen Computer gekauft und den alten nur für ihn mit Spielen bestückt. Super! Jakob will sofort loslegen. Doch Bernd (39), der sich oft genug das Stöhnen von Freunden über die stundenlangen PC-Orgien ihrer Sprösslinge anhören muss, bremst seinen Sohn etwas: »Bevor du anfängst, möchte ich mit dir bereden, wie die Computerbenutzung geregelt ist. Also: 1. Bis du acht Jahre alt bist, darfst du jeden Tag höchstens eine halbe Stunde am PC spielen. Danach treffen wir eine neue Abmachung. Hier ist eine Eieruhr. Die stellen wir jedes Mal. Wenn sie klingelt, ist Schluss. Und 2. gehst du jeden Tag genauso lange nach draußen zum Spielen, wie du vor dem Computer sitzt. Okay?« Jakob nickt. »Na, dann kannst du jetzt mal ausprobieren, ob du klar kommst«, meint Bernd. »Ich stelle die Uhr.«

So lässt sich alles gut regeln

▸ Überlegen Sie genau, welche Regeln Sie wirklich brauchen, um Ihre Ziele zu erreichen und Ihre Grenzen zu verteidigen. Orientieren Sie sich an dem Motto: So viele wie nötig und so wenig wie möglich. Wer versucht, den ganzen Alltag bis ins kleinste Detail hinein zu regeln, erleidet garantiert Schiffbruch. Denn zu viele Regeln verwirren Kinder. Und Sie selbst engen sich unnötig ein.

▸ Formulieren Sie Ihre Regeln möglichst kurz, knapp, klar und am besten positiv. Statt »Du sollst nicht schlagen« also besser »Schlagen ist verboten«. Das ist eingängiger.

▸ Regeln sind etwas sehr Individuelles. In Ihrer Familie gelten wahrscheinlich andere als bei den Großeltern, Ihren Nachbarn oder in der Schule. Akzeptieren Sie das und stellen Sie nur Regeln auf, die stimmig zu Ihnen, Ihrer Familie und Ihren Lebensbedingungen passen.

▸ Kinder brauchen je nach Alter, Temperament, Fähigkeiten und Lebensbedingungen andere Regeln. So müssen Sie das Verhalten eines wilden, schwierigen Jungen in einer Etagenwohnung bestimmt stärker steuern als das eines stillen, schüchternen Mädchens in einem Einfamilienhaus. Und mit Ihrer zehnjährigen Tochter müssen Sie mit Sicherheit eine spätere Schlafenszeit vereinbaren als mit der sechsjährigen. Legen Sie genau fest, welche Regel für wen gilt.

▸ Wichtig ist, dass Ihre Kinder verstehen, was Sie von ihnen wollen. Formulieren Sie Ihre Regeln immer kurz, klar und unmissverständlich. Ein »Sei nicht so spät zu Hause« sagt nichts Konkretes und ist reine Auslegungssache. Sprechen Sie statt solcher Gummiband-Regelungen eindeutig aus, wie Ihr Sohn oder Ihre Tochter sich verhalten soll und wie nicht: »Unter der Woche bist du um acht Uhr zu Hause. Ich möchte nicht, dass du später kommst.« Erklären Sie genau, was Sie erwarten und warum diese Regel sinnvoll ist: »Ich möchte, dass du pünktlich bist, weil du morgen früh in die Schule musst.«

98

► Halten Sie sich als Eltern auch selbst an Ihre Regel. Ihr Kind beobachtet Sie mit Argusaugen. Sie sind sein großes Vorbild. Wenn Sie zum Beispiel von Ihrem Sprössling verlangen, sich vor dem Essen die Hände zu waschen, sollten Sie das deshalb bitteschön auch selbst tun. Sonst sind Sie schnell unglaubwürdig.

► Ändern Sie Ihre Regeln nicht ständig. Was festgelegt ist, muss verlässlich gelten. Das sind Sie Ihrem Kind schuldig. Aber seien Sie auch flexibel. In wirklichen Ausnahmesituationen erwartet niemand absolute Konsequenz von Ihnen. Da können Sie getrost eine Regel für begrenzte Zeit außer Kraft setzen oder eine »Ausnahmeregel« aufstellen. So können Sie einem kleinen Patienten, der still im Bett liegen muss, sicher kurzfristig eine längere Fernsehzeit als sonst üblich zugestehen. Oder bei einem Familienfest die Schlafenszeit für alle Kinder getrost nach hinten verschieben. Machen Sie jedoch in solchen Fällen ganz klar: Ist der Ausnahmezustand vorbei, gilt die Normalregel wieder.

► Diskutieren Sie nicht über die von Ihnen aufgestellten Regeln. Sie haben es grundsätzlich nicht nötig, sich zu rechtfertigen. Erklären Sie notfalls noch einmal den Sinn Ihrer Regel, aber lassen Sie sich nicht immer wieder auf endloses Infragestellen oder Betteln ein. Bleiben Sie ruhig und sachlich, und machen Sie Ihrem Sprössling klar: »Die Regel gilt jetzt. Wenn du dich nicht daran halten willst, ist das deine Entscheidung. Dann musst du die Konsequenzen dafür tragen.«

► Regeln sind nicht für immer und ewig gemacht. Wenn es immer wieder Streit über eine Regel gibt oder sich die Anzeichen mehren, dass sie überholt ist, sollten Sie sie ernsthaft überprüfen. Vielleicht müssen Sie sie einfach nur etwas alters- oder situationsgerecht anpassen. Vielleicht können Sie sie aber auch ganz streichen, weil Ihr Sohn oder Ihre Tochter längst darüber hinausgewachsen ist.

► Je älter Ihr Kind wird, desto weniger Regeln werden Sie vermutlich brauchen. Und desto öfter können Sie Ihren Sohn oder Ihre Tochter

Wenn Sie Regeln festsetzen: Lassen Sie Ihr Kind alles in seinen eigenen Worten wiedergeben. Nur so können Sie sicher sein, dass es sie wirklich zweifelsfrei verstanden hat.

Diskutieren Sie nicht über bereits bestehende Regeln! Ältere Kinder können beim Aufstellen neuer Regeln aber im Rahmen einer Familienkonferenz mit einbezogen werden.

beim Festlegen von Regeln einbeziehen. Handeln Sie zum Beispiel im Rahmen von Familienkonferenzen gemeinsame Übereinkünfte aus. Der Vorteil: Wer selbst mitgestalten darf, fühlt sich für das Ergebnis mit verantwortlich – und hält sich bestimmt daran. Das fördert die Selbstständigkeit und hebt das Selbstbewusstsein. Doch machen Sie auch hier immer wieder klar, wo Ihre Grenzen (noch) liegen. Und worüber Sie (vielleicht zurzeit) keinesfalls mit sich verhandeln lassen. Auch große und fast erwachsene Kinder müssen bestimmte Grenzen und Regeln ihrer Eltern akzeptieren, solange sie mit Ihnen unter einem Dach wohnen. Nur so kann das Familienleben ohne ständigen Zoff klappen.

Denkpause: Welche Regeln brauchen wir?

Haben Sie zurzeit ein Problem mit Ihrem Kind? Gibt es eine Situation, die Sie neu regeln müssen? Dann überlegen Sie doch einmal genau:

▶ Welche Regeln gelten dazu im Augenblick?

▶ Greifen diese Regeln wirklich bei dem bestehenden Problem oder in dieser Situation? Oder müssen sie eventuell verändert werden?

▶ Entsprechen diese Regeln noch dem Alter und Entwicklungsstand Ihres Kindes? Oder müssen sie entsprechend angepasst werden? Vielleicht sprechen Sie dann – je nach Alter und Situation – einmal mit Ihrem Sohn oder Ihrer Tochter. Fragen Sie ihn/sie direkt, warum etwas nicht (mehr) klappt und was sich verbessern ließe. Welche Vorschläge hat Ihr Kind zur Lösung des Problems?

▶ Ist vielleicht zu viel geregelt, so dass kein Raum für freie Entscheidungen mehr bleibt? Oder zu wenig? Müssen die bestehenden Regeln ergänzt werden?

▶ Brauchen Sie ganz neue Regeln? Müssen Ihre alten Regeln grundlegend verändert und verbessert werden?

Konsequenzen: Ohne sie läuft nichts

Jeden Morgen dasselbe. Lilli (8) trödelt und trödelt. Sie steht nicht auf, wenn Susanne (33) sie weckt, zieht sich nicht an. Dreimal hat Susanne heute schon nach ihr gerufen: »Lilli, beeil dich. Mach dich fertig. Du musst zur Schule.« Endlich ist Lilli angezogen, leider viel zu spät. Als sie sich an den Frühstückstisch setzen will, scheucht Susanne sie sofort wieder hoch: »Nein, Zeit fürs Frühstück hast du jetzt nicht mehr. Der Schulbus fährt gleich.« Lilli ist sauer. Nun muss sie mit knurrendem Magen loslaufen ...

Auch wenn Sie Ihr Kind normalerweise nie ohne ein Frühstück zur Schule schicken würden – es gibt Situationen, da müssen Sie ein solches Ritual einfach mal konsequent über Bord werfen. Keine Angst, kleine Leute verhungern nicht gleich! Aber wenn sie erst einmal hungrig in der Mathestunde sitzen, beeilen sie sich am nächsten Morgen sicher so, dass sie noch etwas essen können. Haben Sie also kein schlechtes Gewissen, und lassen Sie sich nicht erpressen! Kinder nehmen keinen Schaden an Leib und Seele, wenn Sie sie mal ohne Frühstück aus dem Haus schicken. Aber sie lernen, dass ihr Verhalten Folgen hat: Wenn ich trödele, habe ich keine Zeit mehr fürs Müsli.

> Auch wenn Ihr Kind mal mit leerem Magen in die Schule geht: Es muss lernen, dass sein Verhalten Folgen hat.

Kein Regeln ohne Konsequenzen!

Wer Regeln aufstellt, muss auch Konsequenzen aufzeigen – erfreuliche ebenso wie unangenehme. Sonst fehlt sowohl der Anreiz, eine Regel zu beachten, als auch das Risiko, das eine Grenzverletzung mit sich bringt. Dann könnten Sie Ihre Grenze auch gleich ganz abschaffen! Alles, was wir in unserem Leben tun, hat Folgen – positive oder negative. Das können Kinder nicht früh genug erfahren. Nur so lernen

Nehmen Sie sich ein Beispiel an spielenden Kindern: Sie regeln untereinander alles ganz genau und achten strikt auf die Einhaltung ihrer Regeln.

Wie kleine Teufelchen verfolgen Kinder die Regelverstöße ihrer Sandkastenkumpane.

sie, ihr Verhalten zu steuern und für ihr Handeln Verantwortung zu tragen. Im Zusammenspiel mit anderen Kindern bekommen sie solche Folgen unmittelbar zu spüren. Wer alles kaputt macht, was die anderen gebaut haben, darf nicht mehr mitmachen. Und wer seinem Spielkameraden nichts abgibt, darf auch nicht in seine Bonbontüte greifen. Ganz einfach – und sehr lehrreich.

Doch wir Eltern tun uns mit solchen direkten Folgen oft sehr schwer – zumindest wenn sie für unsere lieben Kleinen unangenehm sind. Wahrscheinlich hat Susanne in unserem Beispiel sich den ganzen Vormittag lang mit Schuldgefühlen gequält, weil sie Lilli mit leerem Magen in die Schule geschickt hat. Doch wenn sie sich zum Ziel gesetzt hat, ihre Tochter zu einem selbstständigen Menschen zu erziehen, der sein Leben gut in den Griff bekommt, muss sie damit anfangen, Trödelgrenzen zu setzen. Damit hilft sie Lilli langfristig mehr, als sie ihr mit einem hungrigen Vormittag schaden könnte.

Nehmen Sie sich als Eltern also ein Beispiel an spielenden Kindern. Gerade im Vorschul- und ersten Grundschulalter, wenn kleine Leute untereinander alles genau regeln, fordern sie auch von Ihnen Regeln ein. Wenn Sie als Eltern es mit der Durchsetzung dieser Regeln dann nicht so genau nehmen, haben Sie eine wunderbare Erziehungschance verspielt. Seien Sie deshalb mutig und sorgen Sie dafür, dass das Verhalten Ihres Sohnes oder Ihrer Tochter nicht folgenlos bleibt – auch wenn's mal weniger angenehm ist.

Der konsequente Umgang mit Konsequenzen

Scheuen Sie sich nicht, wenn es nötig ist, auch mal hart zu bleiben. »Moderne Autorität«, schreibt der Familien- und Kinderpsychologe Wolfgang Bergmann in seinem Buch »Gute Autorität«, heißt nicht, »die Kinder in ein enges Lebensschema zu pressen. Moderne Autorität heißt, ihnen jene Kontur entgegenzuhalten, an der sie eine eigene

Kontur gewinnen.« Und dazu gehört einfach Konsequenz! Wenn Sie an diesem Punkt zögern und zaudern, Ihrem Kind gegenüber schwach werden und immer wieder auf Einhaltung Ihrer Regeln verzichten, um unangenehme Folgen zu vermeiden, dann riskieren Sie nicht nur permanente Machtspielchen mit Ihrem Sprössling, sondern setzen damit auf Dauer auch das Glück Ihres Kindes aufs Spiel.

Legen Sie deshalb, wenn Sie Regeln aufstellen, auch gleich eindeutige Konsequenzen fest – angenehme und auch unerfreuliche. Aber immer nur solche, die Sie wirklich bereit sind, um- und durchzusetzen. Wie Sie dabei am besten vorgehen, lesen Sie im nächsten Kapitel. Ohne Konsequenzen läuft gar nichts – ohne Ihren absolut konsequenten Umgang mit ihnen aber auch nicht.

Fazit

▸ Grenzen haben nicht automatisch etwas mit autoritärer Erziehung zu tun. Sie schützen Kinder vor Gefahren, geben Halt und Sicherheit, sorgen für Würde und Respekt und dienen jungen Leuten als Reibungspunkte zur Abgrenzung gegenüber den Eltern.

▸ Die Qualität von Grenzen hängt davon ab, wie konsequent sie geschützt werden. Beliebig verschiebbare Grenzen verunsichern Kinder und führen zu unproduktiven Grenzstreitigkeiten.

▸ Persönliche Grenzen leiten sich aus den eigenen Wertvorstellungen, Top-Werten und Erziehungszielen ab.

▸ Für die Einhaltung von Grenzen sorgen feste Regeln, die zur Situation, zum Alter und Entwicklungsstand des Kindes und zum Familienleben passen müssen.

▸ Wer Regeln aufstellt, muss auch Konsequenzen aufzeigen – erfreuliche, aber auch unangenehme. Und sie letztendlich auch um- und durchsetzen. Sonst sind Grenzen überflüssig.

Eltern, die permanente Machtspielchen mit ihren Lieblingen vermeiden wollen, dürfen bei der Einhaltung der Grenzen weder zögern noch zaudern noch Ausnahmen zulassen.

Eltern, die Grenzen setzen,
müssen auch bereit sein, sie
konsequent zu verteidigen

Grenzen
verteidigen

Wo lasse ich nicht
mit mir handeln?

Umgang mit Regelverstößen

>>Die will ich haben.<< André (5) schleppt eine Tüte mit grellbunten Lollis an und packt sie in den Einkaufswagen. >>Nein, die kaufe ich nicht auch noch<<, entgegnet Rita (28). >>Du hast dir gerade Schokoriegel ausgesucht. Ein süßes Teil ist genug. Pack sie bitte wieder dahin zurück, wo du sie hergeholt hast.<< Aber André denkt gar nicht daran. >>Nur die noch<<, bettelt er. Rita bleibt hart und wendet sich wieder ihren Einkäufen zu. André quengelt weiter. Als Rita zur Kasse fahren will, sind die Lollis immer noch im Wagen. >>Bring die Lollis zurück<<, fordert Rita ihren Sohn nochmals auf. >>Ich will die aber behalten<<, zetert André wütend. >>Und die Schokoriegel auch.<< Rita ist ohnehin schon spät dran und kapituliert. Statt die Lollis an der Kasse zurückzugeben, bezahlt sie sie. André hat's geschafft .

Laut einer Umfrage fällt einem Drittel der Eltern nichts so schwer bei der Erziehung ihrer Kinder, wie konsequent zu bleiben.

So wie Rita geht es vielen Eltern. Eigentlich wollen sie ja ihre Grenzen verteidigen – doch dann geben sie sich mehr oder weniger kampflos geschlagen. Konsequent zu bleiben – das fällt fast einem Drittel aller Eltern bei der Erziehung ihrer Kinder am schwersten. Das hat jedenfalls eine repräsentative Umfrage der Zeitschrift »Geo« ergeben. Dagegen war es nur für ein Prozent aller befragten Mütter und Väter schwierig, ihren Sprössling zu belohnen, und nur vier Prozent hatten Probleme damit, ihrem Kind Freiräume zu geben.

Klare Grenzen zu ziehen und diese auch konsequent zu verteidigen – davor scheuen sich viele Eltern immer noch. Und das, obwohl 55 Prozent der Umfrageteilnehmer meinten, etwas strenger sollten die Kids hierzulande schon erzogen werden. Nur – wer soll das tun, wenn nicht wir Eltern?

Grenzstreitigkeiten: So fechten Sie sie erfolgreich aus

Vielleicht fällt uns Strenge nur deshalb so schwer, weil wir damit so unangenehme Dinge wie In-der-Ecke-Stehen oder Stubenarrest verbinden. Das wollen wir unseren Kindern natürlich nicht mehr antun. Aber Strenge hat – ebenso wie das Grenzensetzen – nicht unbedingt etwas mit Härte und Bestrafung zu tun. Wer streng ist, hält nur die Zügel straff in der Hand und duldet keine Abweichung von seinen Vorschriften. Er verteidigt strikt seine eigenen Grenzen und besteht auf Einhaltung der von ihm aufgestellten Regeln. Kurz: Wer streng ist, verhält sich konsequent. Also nicht autoritär im schlechten alten Sinne, sondern – wie Pädagogen es nennen – »autoritativ«.

Wichtig dabei: viel Liebe, Verständnis, Aufmerksamkeit und Unterstützung, eine gute Portion Intuition, aber auch klare Regeln und konsequentes Bestehen auf deren Einhaltung. Liebevolle Strenge und fördernde Konsequenz – so heißt die moderne Formel für erfolgreiche Erziehung. Dass sie funktioniert, haben Untersuchungen beispielsweise mit dem australischen Triple-P-Programm inzwischen gezeigt. Machen Sie sich also mutig und ohne schlechtes Gewissen daran, Ihre eigenen Grenzen zu verteidigen. Es lohnt sich.

Doch wie lässt sich dieses Prinzip im Alltagsstress vor dem Süßigkeitenregal im Supermarkt praktisch umsetzen? Wie erreichen wir Eltern es, dass unsere Regeln tatsächlich eingehalten werden?

Auffordern statt bitten

»Pack die Lollis bitte wieder dahin zurück, wo du sie hergeholt hast«, sagt Rita zu André. Das ist zwar höflich, aber das Zauberwort »Bitte« funktioniert meist nur, wenn Kinder ohnehin bereit dazu sind, unsere Wünsche zu erfüllen. Ansonsten ist es für kleine Leute das Signal

*So manches
»Bitte« stößt auf
taube Ohren.*

zum Widerstand. Denn wenn Mama bittet, bleibt Kindern ein Entscheidungsspielraum: Sie können die Bitte erfüllen – oder aber dies ablehnen. Pech für uns Eltern, wenn die Entscheidung anders ausfällt, als wir es gern hätten. Wenn große Leute dann noch anfangen zu betteln (»Nun mach doch bitte mal das, was ich möchte ...«), kosten die Kids ihren Triumph vollends aus. Eltern haben ihren Grenzschlagbaum dann schon zu weit geöffnet.

Wenn Sie also wirklich wollen, dass Ihr Kind sich an eine Regel hält, fordern Sie es deutlich und unmissverständlich dazu auf. Allein das Wörtchen »bitte« wegzulassen wirkt schon Wunder. Sätze wie »Hör auf mit dem Blödsinn« oder »Sei doch endlich lieb« sind kleinen Leuten meist ein Rätsel. Sie wissen absolut nicht, was Mama oder Papa von ihnen wollen. So wandern solche schwammigen Aufforderungen in ein Ohr hinein und aus dem anderen wieder hinaus, ohne ihren Zweck zu erfüllen. Das Gleiche passiert, wenn Sie zu viele Anweisungen geben. Wer sein Kind »volltextet«, darf sich nicht wundern, wenn es seine Ohren auf Durchzug schaltet. Auch die Frageform ist wenig wirkungsvoll: Ein »Magst du dich mal anziehen?« fordert ein ablehnendes »Nö« oder ein »Keinen Bock!« geradezu heraus.

Soll Ihre Aufforderung wirklich ankommen, müssen Sie es deshalb schon etwas konkreter machen: An Sätzen wie »Zieh dich an! Du musst los!« oder: »Am Tisch sitzen wir alle still. Also kippele nicht mit dem Stuhl!« ist nicht zu rütteln. Sie sagen mit wenigen Worten genau das, was Sie von Ihrem Kind wollen – am besten Auge in Auge. Von der Küche in Richtung Kinderzimmer gerufene Aufforderungen verhallen meist unbeachtet in den Tiefen der Wohnung. Machen Sie sich also die Mühe, Ihrem Kind gegenüberzutreten, wenn Sie etwas von ihm wollen. Und falls Sie doch noch daran zweifeln, ob Ihr Sprössling Sie richtig verstanden hat, lassen Sie ihn in seinen eigenen Worten wiederholen, was Sie gerade zu ihm gesagt haben.

Unklare Aufforderungen oder zu viele Anweisungen überfordern Kinder. Die Folge: Sie schalten auf Durchzug.

Entschlossenheit ausstrahlen

Doch es kommt nicht nur darauf an, was Sie sagen, sondern auch wie Sie es tun. Manche Eltern machen den Eindruck, als könnten sie gut einen Selbstverteidigungskurs brauchen. Je lauter und wütender ihre Kinder sind, desto kleiner und unsicherer werden sie. Eigentlich kein Wunder, wenn die Kids die Grenzen nicht respektieren und die von ihren Eltern gesetzten Regeln ignorieren! Denn es macht schon einen Unterschied, ob wir stark und standfest oder unsicher und schwach wirken. Unsere Körpersprache, unsere ganze Ausstrahlung ist einfach anders. Und Kinder haben äußerst feine Antennen für solche nonverbalen Signale – und reagieren entsprechend.

Schließlich werden Botschaften, wie Kommunikationsforscher herausgefunden haben, nur zu zehn Prozent über den Inhalt unserer Worte transportiert. Der Klang unserer Stimme beeinflusst sie immerhin zu 35 Prozent, und unsere Gestik und Mimik ist sogar zu 55 Prozent daran beteiligt. Wenn nicht alle drei Komponenten zusammenpassen, nimmt Ihr Kind das, was Sie sagen, nicht für bare Münze. Schon die winzigste Andeutung eines schmunzelnden Lächelns um die Mundwinkel herum – und schon können Sie ein »Nein« vergessen. Kein Kind kauft Ihnen dann noch ab, dass Sie es wirklich ernst meinen!

Bemühen Sie sich deshalb, ehrlich und vor allem authentisch zu sein. Verstärken Sie, wenn Sie wirklich etwas erreichen wollen, Ihre Worte durch unterstützende Handlungen, klare Gesten, deutliche Mimik und einen passenden Tonfall in der Stimme. Eine strenge Miene, aufrechte Haltung und etwas Nachdruck beim Sprechen machen sich immer gut – etwas, das vor allem Müttern oft schwer fällt. Üben Sie notfalls – so lächerlich es Ihnen auch vorkommen mag – allein vor dem Spiegel. Und vergessen Sie dabei nicht: Unsere Gedanken beeinflussen unsere Haltung und unsere ganze Ausstrahlung. Sie merken garantiert schnell, dass Sie bei Dingen, die Ihnen wirklich wichtig

> Nur zu zehn Prozent werden unsere Botschaften über die Worte transportiert. Viel entscheidender dabei sind der Klang der Stimme, die Gestik und die Mimik.

Bestehen Sie auch in Stresssituationen oder in der Öffentlichkeit, zum Beispiel im Supermarkt, konsequent auf der Einhaltung Ihrer Regeln – so entscheiden Sie auf Dauer jede Grenzstreitigkeit zu Ihren Gunsten.

sind, keine Probleme haben, authentisch zu wirken. Ihr Kind wird das intuitiv spüren. So gewinnen Sie deutlich an Glaubwürdigkeit.

Verlässlichkeit demonstrieren

Wie ernst Ihr Kind Sie und Ihre Forderungen nimmt, hängt auch davon ab, wie berechenbar und zuverlässig Sie sind. Reagieren Sie auf Grenzverletzungen unter Zeitdruck und Stress anders als unter normalen Umständen? Lassen Sie auch mal fünf gerade sein, wenn Sie keine Lust auf Auseinandersetzungen haben? Setzen Sie Regeln außer Kraft, oder wandeln Sie sie ab, wenn es so besser in Ihr Konzept passt? Für Kinder ist ein solcher Schlingerkurs ein Freibrief als Grenzgänger. Denn wenn Mama und Papa ihre eigenen Regeln nicht so genau nehmen – warum sollten sie es dann tun?

Zeigen Sie Ihrem Kind deshalb immer wieder, dass es sich absolut auf Sie verlassen kann. Der Verlauf Ihrer einmal gezogenen Grenzen muss ganz klar sein. Weichen Sie keinen Millimeter davon ab. Und solange eine Regel nicht per Absprache geändert ist, gilt sie jeden Tag und immer gleich. Statuieren Sie also nicht nur ein Exempel, weil Sie gerade mal Zeit haben. Bestehen Sie grundsätzlich immer auf Einhaltung Ihrer Regeln. Bequemlichkeit, Überanstrengung oder falsch verstandene Rücksichtnahme auf Ihr Kind sind kein Grund, der eigenen Linie untreu zu werden.

Wichtig auch, dass Sie bei Regelverletzungen immer gleich reagieren. Ihr Sprössling muss schon vorher wissen, was auf ihn zukommt, wenn er eine Grenze überschreitet. Und lassen Sie sich auf keinen Fall erpressen. Nervereien, Gequengel und Gebrüll dürfen nie eine Grenzöffnung zur Folge haben. Bleiben Sie gelassen, und zögern Sie nicht, Konsequenzen durchzusetzen – notfalls immer wieder. Ihr Kind wird garantiert gnadenlos austesten, ob Sie nicht doch irgendwann umfallen. Diesen Gefallen dürfen Sie ihm auf keinen Fall tun.

Kinder erkennen schnell, ob Ihre strenge Miene nur eine Maske ist.

Konsequenzen: Natürlich, logisch und verbindlich

Leonie (6) treibt es mal wieder auf die Spitze. Ständig piesackt sie ihren kleinen Bruder Sebastian (4). Jedes Auto, mit dem er spielen möchte, nimmt sie ihm weg. Und wenn Sebastian versucht, es ihr wieder zu entreißen, brüllt sie wie am Spieß los. Helena (29) ist bestimmt schon fünfmal in der letzten halben Stunde von der Küche in das Zimmer ihres Sohnes geflitzt, weil das Schreien ihrer Tochter sie aus den Essensvorbereitungen gerissen hat. Sie hat Sebastian sein Auto zurückgegeben, Leonie aufgefordert, sich etwas anderes zum Spielen zu suchen oder in ihr eigenes Zimmer zu gehen – aber Erfolg hatte sie damit nicht. Schon wieder Gebrüll! Helena ist total genervt. Wenn das so weitergeht, wird sie mit ihrem Essen gar nicht fertig, bis ihr Mann Peter (30) in der Tür steht. Und der muss pünktlich wieder weg. Verzweifelt schlägt Helena den Kindern vor: »Schaltet doch mal kurz den Fernseher an. Ich glaube, da läuft jetzt eine Zeichentrickserie.« Schon ist Ruhe – bis die Kinder abschalten und zum Mittagessen kommen sollen ...

Eine Grenzverletzung darf kein prickelndes Spiel mit dem Feuer sein, dessen Ausgang Glückssache ist – und das sich am Ende manchmal sogar noch lohnt. Das wäre ein fatales Signal an die Kinder. So können Sie als Eltern Ihre Top-Werte, die Sie Ihrem Kind gern weitergeben möchten, und Ihre Erziehungsziele garantiert vergessen. Denn erfolgreich in dieser Beziehung sind Sie nur, wenn Ihr Kind von Anfang an weiß, dass es keine (Macht-)Spielchen mit Ihnen treiben kann.
Wer eine Grenze willentlich überschreitet, eine Regel bewusst verletzt, muss die Konsequenzen dafür tragen – auch wenn sie unan-

> Kinder dürfen nicht das Gefühl haben, dass eine Grenzverletzung ein Glücksspiel ist, bei dem sie sogar etwas gewinnen können.

genehm sein können. Umgekehrt muss es sich »lohnen«, eine Grenze zu beachten und Regeln einzuhalten. Nur so lernen Kinder, sich so zu verhalten, wie Sie es sich wünschen. Hier die wichtigsten Empfehlungen, was Sie im Alltag unbedingt beachten sollten. Damit Ihre Erziehung gelingt, auch ohne ständigen Stress.

Keine Aufmerksamkeit für nerviges Verhalten

Manchmal ist Erziehung eine Gratwanderung: Überlegen Sie genau, welche Ausrutscher Ihres Sprösslings Sie noch tolerieren können und ab wann Sie einschreiten.

Wenn Kinder Blödsinn anstellen, reagieren wir Eltern meist sofort. Dann ist Showtime. Der Übeltäter wird zum Star, der im Mittelpunkt steht. Die kleine Leonie in unserem Beispiel hat das perfekt durchschaut und nutzt diese Erkenntnis sehr geschickt in ihrem Sinne. Denn offensichtlich geht es gar nicht um die Autos des Bruders, sondern sie buhlt allein um Mamas Aufmerksamkeit. Und Helena tappt prompt in diese Störfalle hinein. Doch Kinder, die vor allem für das Missachten von Regeln beachtet werden, tun mit Sicherheit nie das, was Sie von ihnen wollen. Denn meistens nehmen Eltern davon dann keine Notiz. Stattdessen sehen sie es fast immer als selbstverständlich an, ohne ein Wort darüber zu verlieren. Leider.

Besser ist, Sie machen es genau umgekehrt: Ignorieren Sie kleine Ausrutscher absichtlich. Nicht jede Miniprovokation in Richtung Eltern muss unbedingt pädagogisch beackert werden. Und nicht jedes Schimpfwort, das Ihr Sprössling aus dem Kindergarten mit an den Mittagstisch bringt, bedarf eines Kommentars. Entscheiden Sie anhand Ihrer Top-Werte und Ihrer Erziehungsziele für sich ganz persönlich, welches Problemverhalten Sie gerade noch tolerieren und akzeptieren und welches Sie unbedingt ändern wollen. Überhören Sie vor allem das ständige Quengeln eines Kleinkindes – so lange, bis es mit seiner Quengelei aufhört. Kümmern Sie sich auch nicht darum, wenn es testweise sein Gebrüll weiter aufdreht. Erst wenn Ihr Kind sich wieder ruhig verhält, loben Sie es dafür.

Wichtig ist: Wenn kleine Leute eine Grenze überschreiten, sich nicht an Regeln halten, darf für sie absolut nichts dabei als Vorteil heraus- springen – weder elterliche Aufmerksamkeit noch andere Vergüns- tigungen, wie die zusätzliche Fernsehzeit in unserem Beispiel.

Mehr Beachtung im Alltag

»Wie soll ich einem Kind Werte vermitteln, wenn ich ihm nicht vorher vermittelt habe, dass es selbst einen Wert hat, wertvoll ist?«, fragt der Kölner Erziehungswissenschaftler Professor Dr. Gerd E. Schäfer und zieht daraus den Schluss: »Wenn es Selbstwert empfindet, wird es auch andere Werte anerkennen.« Und sich an vorgegebene Regeln halten.
Also: Beachten Sie Ihr Kind so viel wie möglich. Zeigen Sie ihm vor allem Ihre Zuneigung, dass es Ihnen wichtig ist und Sie es lieb haben – so wie es ist. Kuscheln Sie mit ihm, reden Sie mit ihm – auch über seine Gefühle, Konflikte, Probleme und deren mögliche Lösung. Schen- ken Sie ihm jeden Tag wenigstens für kurze Zeit Ihre volle Aufmerk- samkeit. Gerade bei Eifersüchteleien unter Geschwistern ist es

Schlechtes Verhalten darf sich für Kinder auf keinen Fall loh- nen! Es muss im Gegenteil sofort Konsequenzen zur Folge haben.

Wer Werte lernen soll, muss wissen, dass er selbst einen Wert hat.

Kinder, die regelmä-
ßig positive Beach-
tung finden, müssen
nicht über die Strän-
ge schlagen, um
wenigstens negative
Beachtung zu
bekommen.

besonders wichtig, dass jeder zu seinem Recht kommt und Mama oder Papa mal ganz für sich allein hat. Etwas, was der kleinen Leonie im obigen Beispiel sicher gut tun würde.

Entscheidend dabei sind nicht Dauer und Häufigkeit solcher »Extrazeiten«, die Sie gemeinsam verbringen, sondern allein Intensität und Qualität. Nutzen Sie kleine Verschnaufpausen, um eine Viertelstunde zusammen etwas zu spielen, zu lesen oder zu schmusen. Klappt das nicht spontan, planen Sie Zeit in Ihren Tagesablauf ein. Organisieren Sie sie so, dass Sie wirklich ungestört mit Ihrem Kind sind. Darüber, wie Sie diese Zeit dann gemeinsam verbringen wollen, müssen Sie sich keine Gedanken machen. Überlassen Sie – ohne Kommentar und Wertungen – einfach mal Ihrem Sohn oder Ihrer Tochter die Initiative. In solchen »Extrazeiten« dürfen die Kids die Regeln bestimmen. Wer auf diese Weise Beachtung findet, muss nicht erst über die Stränge schlagen, um auf sich aufmerksam zu machen.

Loben statt strafen

Gewalt in der Erziehung ist in Deutschland glücklicherweise sogar per Gesetz verboten. Wer Kinder schlägt, körperlich oder seelisch verletzt, verstößt gegen geltendes Recht. Trotzdem wird Erziehung immer noch mit Strafen verbunden. Warum eigentlich? Schimpftiraden, Schreien, der berühmte Klaps auf den Po und andere Demütigungen helfen Eltern vielleicht kurzfristig, ihren Willen durchzusetzen – langfristige Erziehungserfolge lassen sich damit nicht verbuchen. Solche autoritären Methoden fördern nur, das haben Untersuchungen bestätigt, Aggressionen, die sich dann durch Zoff auf dem Spielplatz oder Gewalt in der Schule Luft machen. Zu Hause steuern solche durch Strafen gedrillte Kids irgendwann den kompletten Konfrontationskurs. Die Folge: Die Eltern müssen zu immer härteren Strafen greifen und immer lauter schreien, um etwas durchzusetzen.

Statt tagein, tagaus zu versuchen, Ihrem Kind ungehorsames und unerwünschtes Verhalten auszutreiben, sollten Sie deshalb besser das fördern, was Sie bei Ihrem Sprössling gern haben möchten. Schenken Sie ihm deshalb unbedingt jedes Mal Aufmerksamkeit, wenn er etwas tut, was Sie gut finden. Das verstärkt erwünschtes Verhalten. Loben Sie Ihren Sprössling ruhig einmal öfter. Das müssen keine überschwänglichen Hymnen sein. Ein kurzes »Gut gemacht« oder »Prima« reicht schon. Vor allem bei Selbstverständlichkeiten oder kleinen alltäglichen Pflichten sind übertriebene Lobhudeleien unangebracht. Aber machen Sie Ihrem Kind klar, dass Sie seine Bemühungen registriert haben und anerkennen.

Sie können Ihrem Sprössling auch durch kleine Gesten zeigen, was Ihnen gefällt. Ein Lächeln, eine sanfte Berührung an der Schulter, ein zärtliches Übers-Haar-Streichen, ein kleiner Kuss können wahre Wunder wirken. So werden Kinder zu »Wiederholungstätern« in erwünschtem Verhalten und gutem Benehmen. Wenn Sie sich dann noch bemühen, mit gutem Beispiel voranzugehen, wird Ihr Sohn oder Ihre Tochter sicher bereitwillig Ihrem Vorbild nacheifern.

Leben Sie das Verhalten vor, das Sie sich von Ihren Kindern wünschen. Und freuen Sie sich, wenn auch Sie mal ein lobendes »Mama, das hast du toll gemacht« zu hören bekommen.

Ein Lob zur rechten Zeit verstärkt erwünschtes Verhalten.

»Bonus-Systeme«
motivieren Ihr Kind
und eignen sich her-
vorragend dazu,
akute Probleme
gezielt anzugehen.

Gezielte Anreize schaffen

Hausaufgaben, Aufräumen, Wutanfälle – Probleme, die immer wieder zu Auseinandersetzungen führen, brauchen Ihre zusätzliche Aufmerksamkeit. Auch hier gilt wieder: Mit Druck und Strafen erreichen Sie im Zweifelsfall gar nichts. Versuchen Sie stattdessen, Ihrem Kind über Lob und freundliches Zureden hinaus gezielte Anreize dafür zu geben, dass es zur Lösung des Problems beiträgt. So kann es zum Beispiel »Pluspunkte« sammeln, wenn es sich so verhält, wie Sie es sich wünschen. Solche »Token-« oder »Bonus-Systeme«, wie Verhaltenstherapeuten sie nennen, sind keine Wunderwaffe für alles und jedes im Erziehungsalltag. Aber sie eignen sich hervorragend dazu, spezielle akute Probleme, gezielt anzugehen.

Erzählen Sie Ihrem Kind zuerst, was Sie vorhaben, und versuchen Sie so, seine Neugier und Motivation zu wecken. Am besten stellen Sie die Pluspunkte-Aktion wie einen spannenden Wettbewerb dar. Dann erklären Sie, was Sie genau erreichen möchten und was Sie von Ihrem Sprössling im Einzelnen erwarten. Zum Beispiel: »Ich möchte, dass du deine Hausaufgaben sofort nach der Schule erledigst und dass du jeden Tag zusätzlich 15 Minuten extra englische Vokabeln übst.« Erfüllt Ihr Sohn oder Ihre Tochter diese Anforderung, gibt es Pluspunkte. Legen Sie genau fest, was sich wie auszahlt.

Nun brauchen Sie nur noch einen Wochenplan, in dem Ihr Kind seine Pluspunkte sammeln kann. Am besten notieren Sie oben auf einem Blatt das Ziel der ganzen Aktion. Darunter kommen links die Tage einer Woche oder eines ganzen Monats. Rechts ist dann Platz für die Pluspunkte, zum Beispiel witzige Aufkleber oder auch einfach nur Kreuzchen mit einem Leuchtstift. Und unten steht – ganz wichtig! – der »Umtauschkurs«, also das, was Ihr Kind für seine gesammelten Punkte bekommen kann. Vielleicht sind fünf Pluspunkte eine halbe Stunde zusätzliches Fernsehen, zehn ein Kinobesuch nach Wahl.

Den »Kurswert« bestimmen Sie. Aber denken Sie daran: Der Erfolg Ihrer Aktion hängt natürlich nicht ganz unwesentlich davon ab, ob die jeweiligen Anreize Ihr Kind tatsächlich zu dem von Ihnen gewünschten Verhalten verlocken.

Für Konsequenzen sorgen

Doch was können wir Eltern nun tun, wenn unser Kind sich partout nicht an Regeln hält, wissentlich unsere Grenzen verletzt und gar nicht daran denkt, sich so zu verhalten, wie wir es gerne hätten? Ganz einfach: Ebenso wie erwünschtes Verhalten Kindern Aufmerksamkeit, Lob und vielleicht sogar Belohnungen einbringt, muss umgekehrt auch unerwünschtes Verhalten sofort Folgen für sie haben – allerdings mehr oder weniger unangenehme. Und wenn wir dabei auf Strafen verzichten wollen, müssen wir als Eltern konsequent für andere Konsequenzen sorgen.

»Die Anwendung natürlicher Folgen bedeutet eine neue Orientierung unseres Denkens«, schrieb der Psychiater und Sozialtherapeut Rudolf Dreikurs, einer der Vordenker dieser Erziehungsmethode, in seinem Buch »Kinder fordern uns heraus«. Und er fährt fort: »Wir müssen uns klar machen, dass wir nicht mehr in einer autokratischen Gesellschaft leben, in der man Kinder ›beherrschen‹ kann, sondern in einer demokratischen, wo man sie ›leiten‹ muss. Wir können nicht mehr unseren Willen den Kindern aufzwingen, sondern müssen jetzt das richtige Benehmen ›anregen‹.«

Das gelingt am besten, wenn kleine Leute die Folgen ihres Handelns direkt spüren – und zwar möglichst sofort und nicht erst abends, wenn Papa heimkommt, oder übermorgen. Machen Sie Ihrem Sprössling deshalb klar, was auf ihn zukommt, wenn er Ihre Regeln missachtet oder eine von Ihnen gezogene Grenze überschreitet. Und tritt der Ernstfall ein, reden Sie nicht nur – handeln Sie.

> »Wir können nicht unseren Willen den Kindern aufzwängen, sondern müssen das richtige Benehmen anregen.«
> *(Rudolf Dreikurs)*

Wenn Kinder
Regeln missachten,
gilt für Eltern:
Reden ist Silber,
Handeln ist Gold!

Sie müssen aus einem Regelverstoß keine Staatsaktion machen und auch kein großes Donnerwetter vom Zaun brechen. Wichtig ist, dass Sie reagieren, am besten möglichst ruhig und fest: Erinnern Sie Ihr Kind an die Regel, die es gerade missachtet, und warnen Sie es vor Konsequenzen. Ändert es sein Verhalten, loben Sie es dafür. Hält sich Ihr Sprössling immer noch nicht an Ihre Regel, ermahnen Sie ihn höchstens noch einmal. Danach hat er seine Chance verspielt und muss die Konsequenzen für sein Verhalten tragen.

Natürliche und logische Konsequenzen

Ohne Konsequenzen erreichen Sie gar nichts. Deshalb sollten Sie keine Regel aufstellen, ohne auch gleich festzusetzen, welche Folgen es hat, wenn sie nicht beachtet wird. Ihr Kind muss ganz genau wissen, was passiert, wenn es nicht tut, was Sie von ihm wollen. Und Sie müssen nicht erst lange überlegen, wenn der »Ernstfall« eintritt.

1. Natürliche Konsequenzen

Am wirkungsvollsten sind natürliche Konsequenzen, also alle Folgen, die auch ohne Einmischung von uns Eltern eintreten, wenn unsere Kinder sich auf bestimmte Art und Weise verhalten. Wer morgens zu lange trödelt, verpasst beispielsweise den Bus und muss zu Fuß zur Schule laufen. Wer seine Hausaufgaben nicht ordentlich erledigt, bekommt einen Tadel und/oder eine schlechte Zensur. Und wer trotz Warnung im Winter ohne warme Jacke und Mütze draußen herumläuft, erkältet sich mit hoher Wahrscheinlichkeit. Meistens reichen wenige solcher realen Lebenserfahrungen, damit kleine Leute den Sinn einer Regel endgültig begreifen und sich dann auch an sie halten. Denn, so Rudolf Dreikurs: »Natürliche Folgen zeigen den Druck der Wirklichkeit, ohne irgendeine besondere Aktion durch die Eltern, und sind immer wirksam.«

2. Logische Konsequenzen

Nicht immer sind natürliche Folgen möglich, und nicht immer können Sie als Eltern sie riskieren. So können Sie Kinder, die, ohne nach links und rechts zu sehen, über die Straße laufen, schließlich nicht mit offenen Augen der Gefahr eines Unfalls aussetzen. In solchen Fällen sollten Sie für Konsequenzen sorgen, die logisch aus dem unerwünschten Verhalten Ihres Kindes erfolgen, also ganz unmittelbar damit in einem Zusammenhang stehen.

Am besten ergeben sich solche logischen Folgen möglichst direkt aus der jeweiligen Situation heraus: Achtet Ihr Kind nicht auf den Verkehr, muss es an Ihrer Hand bleiben. Streiten sich Geschwister um ein Spielzeug, ziehen Sie den Zankapfel fünf Minuten aus dem Verkehr. Weigert sich Ihre Tochter, die Zähne zu putzen, gibt es einen Tag lang keine Süßigkeiten. Will ein kleiner Trotzkopf sich morgens nicht anziehen, muss er im Schlafanzug in den Kindergarten. Schaut Ihr Sohn heimlich Fernsehen, bauen Sie eine Kindersicherung ein. Zieht Ihr Kind seine schmutzigen Schuhe nicht aus, muss es den Fußboden wieder sauber wischen.

Oft sind sogar verschiedene logische Folgen denkbar. Rührt Ihr Sprössling zum Beispiel sein Mittagessen nicht an, bekommt er keinen Nachtisch. Eine Konsequenz, die bei Süßschnäbeln garantiert zieht. Kids, die nicht so scharf auf Pudding & Co. sind, können Sie die Zwischenmahlzeit am Nachmittag streichen oder das Mittagessen abends aufgewärmt nochmals vorsetzen. Oder Sie legen fest, dass jeder sich selbst so viel oder so wenig auf den Teller füllen darf, wie er auch wirklich essen kann.

Überlegen Sie gut und berücksichtigen Sie die Schwächen Ihres Kindes. Achten Sie darauf, dass die logischen Folgen vom Alter und Entwicklungsstand her zu Ihrem Sohn oder Ihrer Tochter passen. Und seien Sie erfinderisch.

Kinder verstehen am besten solche Konsequenzen, die ganz unmittelbar mit ihren »Taten« zusammenhängen.

Betrachten Sie Fernsehzeiten, Ausflüge und Ähnliches nicht als Selbstverständlichkeiten, sondern als Privilegien, die jederzeit wieder gestrichen werden können.

3. Sonstige Konsequenzen

Erst wenn Ihnen wirklich keine natürliche oder unmittelbar logische Konsequenz für ein unerwünschtes Verhalten einfällt, sollten Sie tiefer in die Kiste mit unangenehmen Folgen greifen:

▸ Verlangen Sie Wiedergutmachungen für die »Opfer« vom »Übeltäter«. So kann zum Beispiel ein Raufbold, der immer wieder seine kleine Schwester schlägt, oder ein Halbstarker, der ständig mit Schimpfworten um sich wirft, zuvor festgelegte »Schmerzens-Cents« in einen »Ausgleichstopf« zahlen. Ist dieser gut gefüllt, bekommt die Schwester ein Wiedergutmachungsgeschenk oder die Familie ein Schimpfwort-freies Essen im Restaurant. Oder kleine Schusselköpfe, die ihre Sachen in Turnhallen, Bussen und auf Spielplätzen vergessen, müssen so lange für Mama im Haus oder Garten arbeiten, wie sie braucht, um alles wieder ausfindig zu machen.

▸ Entziehen Sie Ihrem Regelbrecher Privilegien. Fernseh- und Computerzeiten, Schwimmbadbesuche, Videofilme, Treffen mit Freunden und Wochenendausflüge sind keine Selbstverständlichkeiten. Wer in den Genuss solcher »Sonderleistungen« durch die Eltern kommen möchte, muss sich auch an bestimmte Regeln in der Familie halten. Tut jemand das nicht, werden ihm einzelne Privilegien gestrichen. Trägt Ihr Sohn beispielsweise nicht, wie verabredet, den Mülleimer raus, fällt das Kino für ihn am Samstag aus.

▸ Schließen Sie einen Störenfried, der bewusst provoziert und Unruhe stiftet, gezielt aus. Redet Ihre Tochter, wenn Sie sich mit einer Freundin unterhalten, ständig dazwischen, muss sie aus dem Zimmer gehen. Schmiert ein kleiner Wüterich bei Tisch mit Absicht mit dem Essen herum, muss er allein in der Küche sitzen oder die Mahlzeit beenden. Bleibt Ihr Nichtschwimmer-Kind in der Badeanstalt nicht, wie abgesprochen, in Ihrer Nähe, so dass Sie es im Auge behalten können, ist der Ausflug beendet.

Ist das Sparschwein voll, werden die »Schmerzens-Cents« für Wiedergutmachungsgeschenke verwendet.

Denkpause: Welche Konsequenzen sind die besten?

Welches Verhalten Ihres Kindes gefällt Ihnen zurzeit gar nicht? Notieren Sie seine Regelverstöße, und überlegen Sie dann, welche Konsequenzen das bisher für Ihren Sohn oder Ihre Tochter hat?

Regelverstoß: ....

Konsequenz zurzeit: ....

Woran könnte es liegen, dass diese augenblicklichen Konsequenzen Ihr Kind nicht dazu motivieren, Ihre Regel zu beachten? Machen Sie sich Gedanken darüber, welche natürlichen, logischen oder sonstigen Folgen das unerwünschte Verhalten noch nach sich ziehen könnte:

Weitere mögliche Folgen:

1. .... 2. .... 3. ....

Suchen Sie aus diesen Folgen eine heraus, die Sie ab sofort als neue Konsequenz bei einem Regelverstoß testen wollen.

Machtkämpfe vermeiden

Bei natürlichen Folgen gibt es nichts zu diskutieren. So spielt eben das Leben. Und meistens akzeptieren kleine Leute auch logische Folgen – anders als Strafen – als gerechte Konsequenz für ihr Verhalten. Trotzdem besteht bei logischen Folgen auch die Gefahr, dass Eltern und Kinder sich in einen Machtkampf verstricken. Davor sollten Sie sich hüten. Denn solche Spielchen bringen nichts ein, sondern vergiften nur die Atmosphäre zwischen Ihnen.

Bleiben Sie also ganz gelassen und vor allem konsequent. Gehen Sie Konflikten nicht aus dem Weg, sondern bemühen Sie sich um eine faire Lösung. Weisen Sie Ihr Kind noch einmal auf seine Wahlmög-

Kindern ist fast immer klar, dass sie eine Regel brechen oder eine Grenze überschreiten. Schließlich wollen sie austesten, wie weit sie gehen können.

Kinder haben ein Recht auf ihre Gefühle – auch auf die negativen.

lichkeiten hin – Regel beachten oder Konsequenzen tragen. Die Entscheidung liegt dann ganz allein bei ihm. Lassen Sie sich weder provozieren noch durch Gebrüll oder Schimpftiraden unter Druck setzen. Bleiben Sie standhaft wie der berühmte Fels in der Brandung. Sie müssen Ihrem Kind gegenüber keine Macht demonstrieren. Es geht hier nur um die Sache. Sich gegenseitig zu verletzten oder abzuwerten ist also absolut tabu. Fordern Sie auch von Ihrem Kind den nötigen Respekt ein, wenn Sie sich angegriffen fühlen. Umgekehrt hat Ihr Sprössling aber ebenfalls ein Recht auf seine Gefühle und wahrscheinlich in diesem Augenblick seine Wut. Das sollten Sie akzeptieren, doch aushalten müssen Sie das trotzdem nicht.

Auszeit nehmen

Gönnen Sie sich lieber eine kleine »Auszeit«. Verlassen Sie, falls Sie das Gefühl haben, selbst gleich zu explodieren, den Schauplatz. Gehen Sie nach draußen an die frische Luft oder ins Badezimmer, atmen Sie tief durch und entspannen Sie sich. So hat auch Ihr Kind die Chance, sich zu beruhigen und mit etwas Abstand seine Wahl zu treffen. Entscheidet es sich dafür, Ihre Regel einzuhalten, loben Sie es dafür. Entscheidet es sich dagegen, bleibt es bei den bekannten Konsequenzen – aber bitte ohne Extrakommentare.

Eine »Auszeit« für alle Beteiligten ist auch angebracht, wenn die Situation komplett zu eskalieren droht. Bekommt Ihr Sprössling zum Beispiel heftige Wut- und Tobsuchtsanfälle, statt Ihren Aufforderungen Folge zu leisten, sagen Sie ihm klar und deutlich, dass Sie dieses Verhalten nicht in Ordnung finden, und bringen Sie ihn als »Konsequenz« in ein anderes Zimmer. Schließen Sie die Tür, halten Sie sie notfalls zu – Hauptsache, nicht der kleine Wüterich entscheidet über das Ende der Auszeit, sondern allein Sie. Er darf das Zimmer erst wieder verlassen, wenn er es schafft, sich selbst in den Griff zu bekommen.

Bevor die Emotionen auf beiden Seiten zu sehr hochkochen, sollten Sie sich und Ihrem Kind eine kleine Auszeit gönnen.

Wichtig ist, dass Ihr Kind diese Spielregeln kennt. So weiß es genau, dass Sie konsequent bleiben, sich Machtkämpfe absolut nicht lohnen und die Auszeit am schnellsten vorübergeht, wenn es sich beruhigt und seine Wahl trifft. Denn um die kommt es ohnehin nicht herum. Hat Ihr Sprössling sich jedoch beruhigt und entschieden, ist der Fall erledigt. Keine Vorwürfe, kein Schimpfen, keine Diskussionen.

Verbindlich bleiben

Leichter angreifbar werden Sie, wenn Sie Ihren eigenen Prinzipien nicht treu sind. Wer Konsequenzen androht, sollte sie unbedingt auch in die Tat umsetzen. Lediglich bange machen gilt nicht. Das Spiel durchschauen kleine Leute sofort. Ihre Glaubwürdigkeit ist dann schnell dahin. Und Ihre Grenzen und Regeln werden Stück für Stück demontiert. Schlucken Sie deshalb leere Drohungen besser herunter. Damit erreichen Sie gar nichts – ebenso wie mit endlosen Schimpfkanonaden. Legen Sie nur Konsequenzen fest, die Sie auch wirklich durchsetzen können. Machen Sie es lieber etwas weniger dramatisch, aber dafür alltagstauglich. Nur Folgen, die sofort zu spüren sind, sorgen für einen Lerneffekt.

Hüten Sie sich auch vor Willkürakten. Wechseln Sie gerade bei logischen Folgen, wenn mehrere unterschiedliche Konsequenzen möglich sind, nicht nach Lust und Laune hin und her. Nur weil Sie heute Zeit haben, sich auf eine intensivere Auseinandersetzung einzulassen, oder weil Oma gerade zu Besuch ist, sollten Sie bei der Verletzung einer Regel nicht eine andere Folge ankündigen als sonst. Der Verstoß gegen eine Regel muss immer die gleichen Folgen nach sich ziehen. Nur so sind Sie für Ihr Kind ein verlässlicher Partner in der Erziehung. Denn nur so weiß es sicher, woran es ist, und hat tatsächlich eine Wahlmöglichkeit für sein Verhalten. Und nur so werden Sie auf Dauer wirklich Erfolg in Ihrer Erziehung haben.

Wenn Sie es schaffen, die »Kämpfe« mit Ihrem Kind möglichst gelassen zu überstehen und dabei konsequent Ihre eigene Linie zu verteidigen, müssen Sie sicher nicht allzu oft in den Ring steigen.

Keine Angst vorm Nein-Sagen

Jannik (10) braucht neue Turnschuhe. Schon zu Hause gab es Diskussionen darüber. Schließlich soll es eine ganz bestimmte Marke sein. Die und keine andere. Doch seine Eltern sind nicht bereit, den wahrlich stolzen Preis dafür zu zahlen. Das machen sie ihrem Sohn auch jetzt im Geschäft wieder klar. »Ich will aber diese Turnschuhe haben«, protestiert Jannik lautstark. »Die sind fast doppelt so teuer wie die hier«, meint Angelika (32) und hält ihm Turnschuhe einer günstigeren Marke vor die Nase. »Die sind qualitativ auch nicht schlechter. Bei den anderen müssen wir nur viel Geld für den Namen ausgeben. Und dazu bin ich nicht bereit!« Jannik mault: »Alle haben solche Turnschuhe. Diese Billigdinger sind völlig uncool.« – »Trotzdem lege ich von meinem Geld nicht extra etwas drauf, nur um diese Luxus-Treter zu bezahlen«, schaltet sich Klaus (33) ein. »Von mir bekommst du die vereinbarten 70 Euro und keinen Cent mehr!«

Auch wenn es vielleicht schwer fällt: Wer seine Grenzen konsequent verteidigen will, darf ein kompromissloses Nein nicht scheuen.

Wer seine Grenzen konsequent verteidigen will, muss ab und zu auch mal Nein sagen. Ganz klar und ohne Kompromisse – etwas, das vielen von uns gerade bei unseren Kindern oft sehr schwer fällt. Sogar wenn es ums Geld geht, sind wir noch bereit, ein Auge zuzudrücken – auch wenn wir hinterher ein Loch in der Haushaltskasse haben. So stehlen wir uns aus der Verantwortung für unsere eigenen Grenzen, nur um unserem Nachwuchs keine eindeutigen Absagen erteilen zu müssen. Leider. Denn an einem Nein wird das Glück Ihres Kindes bestimmt nicht zerbrechen. Ganz im Gegenteil!

Auch wenn Jannik aus unserem Beispiel seine Eltern in diesem Augenblick sicher insgeheim verflucht – im Grunde seines Herzens werden sie ihm wahrscheinlich imponieren. Schließlich sind sie selbstsicher genug, um sich nicht hinter Trendmarken als Statussymbolen verstecken zu müssen. Sie gehen unabhängig ihren Weg, ohne ständig auf die Styling-Musts anderer schielen zu müssen. Und sie ziehen geradlinig ihre persönliche Grenze und weichen keinen Zentimeter von ihr ab. Selbst wenn Jannik diese Linie jetzt nicht passt, er seine »Alten« absolut spießig findet – ihre Haltung unterstützt ihn dabei, ein kritischer, distanzierter und kostenbewusster Verbraucher und ein selbstbewusster Mensch zu werden. Ihre exakte finanzielle Grenze hilft ihm mehr als ein zusätzlicher 50-Euro-Schein. Ihr »Nein« macht ihn auf Dauer stärker als jedes schnelle »Ja« zu Trends, denen er morgen schon wieder hinterherhinkt.

Durch Ihr konsequentes Nein können Sie Ihrem Kind aufzeigen, dass es auch andere Wege im Leben gibt, als jedem kurzfristigen Trend nachzulaufen.

»Nein« als Chance

Also egal, ob Ihr Sprössling eine Ihrer Regeln missachtet oder ob Sie eine Ihrer Grenzen verteidigen möchten: Haben Sie keine Angst vorm Nein-Sagen! Zu Kindern Nein zu sagen ist schließlich keine Katastrophe. Im Gegenteil. Am Nein können kleine Leute wachsen und reifen. Ein Nein gibt ihnen die Möglichkeit, ihr Verhalten zu überdenken, zu verändern, zu verbessern. Es gibt ihnen aber auch die Chance, klar in die Opposition zu gehen, sich eindeutig zu distanzieren und ihre Fantasie und Kreativität zu nutzen, um neue Perspektiven und alternative Möglichkeiten zu entdecken. Ganz nach dem Motto: Wer wirklich etwas will, findet einen Weg.

Ihr Kind nimmt also weder kurz- noch langfristig Schaden, wenn Sie als Eltern ab und zu mal klipp und klar Nein sagen. Es ist Ihr gutes Recht. Sie sind weder eine Rabenmutter noch ein autoritärer Spießervater, wenn Sie Ihre Grenzen konsequent verteidigen.

Nehmen Sie sich ein Beispiel an Ihrem Sohn oder Ihrer Tochter. Kinder haben in der Regel kein Problem damit, Nein zu sagen, wenn ihnen etwas gerade nicht gefällt. Es gibt Phasen, da hat man als Erwach-

Gute Eltern bringen auch mal ein klares Nein über die Lippen!

Kinder haben selbst kein Problem damit, Nein zu sagen. Vor allem in der Trotzphase sind sie äußerst hartnäckig und lassen sich nur schwer von ihrem Nein abbringen.

sener das Gefühl, der Wortschatz eines Kindes besteht nur noch aus diesen vier Buchstaben. Vor allem in der »Trotzphase« des dritten und vierten Lebensjahres, in der kleine Leute sich gern elterlichen Aufforderungen widersetzen und stattdessen ihre Autonomie unter Beweis stellen und ihren eigenen Willen durchsetzen wollen, ist »Nein« eines ihrer Lieblingsworte. Und sie sind äußerst hartnäckig damit und lassen sich oft nur schwer umstimmen. Warum sollten Sie als Eltern dann nicht auch mal Nein sagen dürfen, wenn Ihnen etwas wirklich gegen den Strich geht?

Denkpause: Bin ich ein guter Neinsager?

Nein-Sagen ist manchmal gar nicht so leicht – nicht nur bei unseren Kindern. Ob Schwiegermutter, Kollegen oder Nachbarin – allzu oft kommt uns das kleine Wörtchen »Nein« einfach nicht über die Lippen. Und schon haben wir uns wieder in etwas hineindrängen lassen, was wir eigentlich gar nicht wollen. Statt uns von vornherein klar abzugrenzen, hadern wir innerlich mit uns selbst, bis uns irgendwann der Kragen platzt. Hätten wir von Anfang an Nein gesagt, wäre das nicht nötig gewesen. Überlegen Sie deshalb einmal in Ruhe:

▶ Bin ich ein guter oder eher ein schlechter Nein-Sager?

▶ Bei wem fällt es mir besonders schwer, Nein zu sagen?

▶ Wie klingt mein Nein? Hört es sich wirklich wie ein echtes, ehrliches Nein an? Oder kommt es so zaghaft über die Lippen, dass andere es eigentlich schon fast als Ja wahrnehmen?

▶ In welchen Situationen antworte ich oft mit Ja, obwohl ich lieber Nein sagen würde? Warum ist das so?

▶ Ist das dann in Ordnung, oder bereue ich es hinterher?

▶ Wie gut klappt das Nein-Sagen bei meinem Kind? Habe ich Probleme damit, ihm etwas abzuschlagen?

Nein-Sagen kann man üben

Wenn Sie Schwierigkeiten haben, das Wörtchen »Nein« klar und ohne Umschweife auszusprechen, üben Sie es doch ein wenig: Stellen Sie sich vor einen Spiegel, und sagen Sie sich selbst ein deutliches »Nein« ins Gesicht. Verleihen Sie Ihren Worten durch Mimik und Gesten Nachdruck, und spielen Sie auch mit Ihrer Stimme. Sind Sie in Ihrer Ablehnung überzeugend? Ist Ihr Nein wirklich ernst zu nehmen? Probieren Sie es immer mal wieder.

Wenn Sie mögen, können Sie natürlich auch mit Ihrem Partner/Ihrer Partnerin oder einer/m Freund/in das Nein-Sagen üben: Stellen Sie sich dazu einander gegenüber. Nun sagt einer von beiden immer »Ja«, während der andere mit »Nein« antwortet – mal laut, mal leise, mal sanft, mal energischer, mal unsicher, mal nachdrücklich und ganz bestimmt. Variieren Sie nach Lust und Laune – so lange, bis der Ja-Sager Ihr Nein endgültig akzeptiert. Dann tauschen Sie die Rollen.

Also nur Mut! Ein klares Nein, das Ihrer felsenfesten Überzeugung entspricht, ist absolut in Ordnung. Vorausgesetzt, Sie bleiben dann konsequent dabei und lassen sich nicht durch Schmeicheleien oder Gebrüll umstimmen. Wer unter Druck sein anfängliches Nein zu oft in ein »Mal sehen« oder »Vielleicht« umwandelt, kann auch gleich Ja sagen. Ein Nein muss ein Nein bleiben, sonst nimmt Ihr Kind Sie bald nicht mehr ernst. Ihr Nein wird wertlos.

> Ist Ihr Nein auch wirklich überzeugend? Testen Sie sich doch einmal selbst vor dem Spiegel!

Das Nein sparsam einsetzen

Normalerweise wiegt ein Nein schwer. Es ist etwas Absolutes. Mit Überzeugung und Nachdruck ausgesprochen, duldet es keinen Widerspruch. Sie haben mit einem einzigen Wort erreicht, was Sie wollen. Doch zu welchem Preis? Oft nimmt ein Nein Menschen jede Wahlmöglichkeit. Wenn Sie es zu häufig oder zu schnell benutzen, können Sie deshalb Ihr Kind damit unter Umständen ganz schön ent-

Darf's ein bisschen mehr sein? Beim Wort »Nein« im Zweifelsfalle nicht!

Setzen Sie das wertvolle Wörtchen »Nein« nicht inflationär ein – sonst verliert es seinen Wert.

mutigen und daran hindern, selbstständig seinen eigenen Weg zu finden. Umgekehrt besteht jedoch auch die Gefahr, dass Sie Ihr Nein zwar oft, aber meist nur halbherzig benutzen. Wenn Sie mit diesem gewichtigen Wort so inflationär umgehen, entwerten Sie es ebenfalls. So verliert es für Ihr Kind auch an Bedeutung. Erfolg haben Sie in der Erziehung dann nicht mehr damit.

Gehen Sie deshalb besser sparsam mit diesem wertvollen Wort um. Und benutzen Sie stattdessen Alternativen. Hier ein paar Tipps, wie Sie das problemlos schaffen.

Alternativen und Auswahl anbieten

Wer A nicht will, sollte B sagen. Bieten Sie Ihrem Kind eine Alternative zu dem an, was Sie ihm verbieten wollen. Eine sehr elegante Lösung, ein direktes Nein zu umschiffen! Denn jetzt ist der Ball wieder bei Ihrem Sprössling, und Sie stehen nicht als Spielverderber da. Im obigen Beispiel scheitert Angelikas Versuch mit den preiswerteren Turnschuhen zwar, doch grundsätzlich ist die Idee gar nicht schlecht. Die Alternative ist für Jannik nur nicht attraktiv genug. Seien Sie als Eltern also offen, und probieren Sie mal ganz neue Wege aus.

So könnte Klaus, selbst wenn er das bisher noch nie so gemacht hat, seinem Sohn einen »Deal« anbieten: »Du bekommst von mir die verabredeten 70 Euro. Wenn du die Schuhe mit dem teuren Label unbedingt haben willst, musst du den Rest aus deinem Sparschwein selbst dazuzahlen.« Dann könnte er im Sinne seiner Erziehung zum mündigen Verbraucher gemeinsam mit Jannik einen Finanzierungsplan aufstellen: »Die Schuhe kosten 129 Euro. Wenn du die 70 Euro abziehst, fehlen dir noch 59 Euro. In deinem Sparschwein sind 51 Euro. Wie willst du die fehlenden 8 Euro verdienen? Wie wäre es mit einmal Rasenmähen und Unkrautjäten im Gemüsegarten?«

Außerdem könnte Klaus Jannik noch Tipps geben, wo er Turnschuhe dieser Marke eventuell günstiger bekommt – vielleicht als Auslaufmodell – und ihn zu Preisvergleichen losschicken. Und wenn er dann noch mit Jannik zusammen durch die Schnäppchenmärkte im Internet surft, wo viele teure Markenartikel weit unter Ladenpreis angeboten werden, ist er längst kein »doofer Nein-Sager« mehr, sondern hat bei seinem Sohn garantiert einen Stein im Brett – obwohl er keinen Zentimeter von seiner bisherigen Grenze abgewichen ist!

Das Geheimnis dabei: Jannik hat die ganze Zeit die freie Wahl. Er kann sich anstrengen und selbst aktiv werden, wenn ihm die teuren Turnschuhe tatsächlich so wichtig sind – er kann aber auch sofort die preiswerten nehmen. Alternativen sind etwas Wunderbares! Denn, so Erfolgstrainerin Sabine Asgodom: »Sich der Alternativen bewusst sein potenziert die Wonne des Frei-entscheiden-Könnens!«

Diese Wonne wissen auch Kinder schon zu schätzen. So haben sie das Gefühl, ihr Leben unter Kontrolle zu haben. Das stärkt das Selbstwertgefühl ungemein. Gerade kleine Leute, die sich Stückchen für Stückchen ihre Selbstständigkeiten erarbeiten wollen, werden entzückt sein über solche Entscheidungsfreiheiten. Geben Sie sie ihnen – innerhalb Ihrer Grenzen natürlich. Wichtig dabei:

Sich ein Nein verkneifen, vielleicht sogar Ja sagen, ohne jedoch Ihrer Linie untreu zu werden und Ihre Grenzen preiszugeben – das ist das große Geheimnis.

Überfordern Sie Ihr Kind nicht!

Verlangen Sie Ihrem Kind nie Entscheidungen ab, für die es alters- und entwicklungsmäßig noch nicht reif genug ist und deren Tragweite es nicht überblicken kann. Hier ist Ihr elterliches Fingerspitzengefühl gefragt. Sie kennen Ihren Sprössling gut genug, um zu wissen, was Sie ihm zutrauen können und was nicht.

Wählen Sie Ihre Alternativangebote ebenfalls mit Bedacht aus. Sie sind es schließlich, die den Entscheidungsspielraum Ihres Kindes begrenzen und damit Ihre eigene Grenzziehung durchsetzen. Muten Sie Ihrem Sohn oder Ihrer Tochter auch hier nicht zu viel zu. Mehr als zwei Möglichkeiten sollten Sie deshalb nicht zur Auswahl stellen. Alles, was darüber hinausgeht, sorgt nur für Verwirrung.

Mit Verständnis reagieren

Wenn Ihr Kind eine Entscheidung fällen soll: Bieten Sie ihm nie mehr als zwei Alternativen zur Auswahl an, um es nicht zu überfordern.

Wie man in den Wald hineinruft, so schallt es heraus, auch im Erziehungsalltag. »Ich verstehe ja, dass du gern diese teuren Turnschuhe haben möchtest, aber ...« – Wer eine Absage so geschickt verpackt, hat die Auseinandersetzung um seine Grenzen und Regeln schon fast gewonnen. Ganz nach dem Motto: Wer sich verstanden fühlt, ist eher bereit, einzulenken und sein Verhalten zu kontrollieren. Ein schroffes Nein kann da einfach nicht mithalten!

Doch Vorsicht – wenden Sie dieses Geheimrezept nur an, wenn Sie es wirklich ehrlich meinen. Ein flott abgespulter Verständnis-Spruch und ein schnell aufgesetztes Lächeln haben mit echtem Mitgefühl wenig zu tun. Kinder spüren dies sofort und reagieren darauf sehr sensibel. Wenn Sie in einer Sache also nicht tatsächlich Verständnis für Ihr Kind aufbringen können, sollten Sie es lassen. Ihre Beziehung zueinander könnte sonst ernsthaft Schaden nehmen.

Dagegen kann Ihr Mitgefühl, wie die Psychologin Katharina Zimmer in ihrem Buch »Widerstandsfähig und selbstbewusst« betont, Ihrem

Kind helfen, seine eigenen Stärken zu entdecken, Verantwortung zu übernehmen und aus seinen Fehlern zu lernen. »Mitgefühl, echte Empathie, hat nichts mit Verwöhnen, Nachgeben und Verzicht auf Grenzen zu tun«, meint sie und fährt fort: »Auch mitfühlende Eltern sind keine Übermenschen. Aber gerade in völlig verfahrenen Situationen hilft ihnen das schlichte Mitgefühl oft am meisten. Denn es kann uns dazu bringen, unsere Gelassenheit oder unseren Humor wiederzufinden oder energisch ›einen Punkt zu machen‹, zu sagen: Stopp! Denn Sie sehen (dank Ihres Mitgefühls), dass Ihr Kind genauso außer sich und unfähig zu denken ist wie Sie.«

In verfahrenen Situationen ist echtes Mitgefühl ein gutes Mittel, um unsere Gelassenheit und unseren Humor wiederzufinden.

Aktives Zuhören und Ich-Botschaften

Wirkliches Verständnis und Mitgefühl kann also wahre Wunder vollbringen – gerade in Auseinandersetzungen um Grenzen und Regeln. Wichtigste Voraussetzung dafür ist, dass Sie wirklich zuhören, wenn Ihr Kind etwas sagt, und auch versuchen, feine Andeutungen und Zwischentöne wahrzunehmen. Bemühen Sie sich, wie Kommunikationswissenschaftler es nennen, um aktives Zuhören. Wiederholen Sie in Ihren eigenen Worten und ohne jegliche Wertung, was Ihr Kind sagt. Damit erkennen Sie seine Bedürfnisse, Gefühle und Interessen an, und es fühlt sich von Ihnen respektiert und verstanden. Das nimmt sofort etwas den Wind aus den Segeln und entschärft den Grenzkonflikt. Dann können Sie in Ich-Botschaften hinterherschicken, was Sie selbst wollen oder nicht: »Ich will aber, dass du …«

So hätte Angelika in unserem Beispiel erst einmal Verständnis für den Wunsch ihres Sohnes ausdrücken können: »Ich verstehe, dass du diese Turnschuhe unbedingt haben willst, weil du meinst, du könntest nur so mit deinen Freunden mithalten.« Nach dieser Eröffnung ist Jannik vielleicht zu einem intensiveren Gespräch und zum Nachdenken über das Thema Konsumzwang und Markenterror bereit.

Seinem Kind mal richtig zuzuhören kann wahre Wunder bewirken.

Besonders während der Pubertät brauchen Kinder kultige Markenartikel, um Unsicherheiten zu kaschieren. Dafür sollten Eltern im Rahmen ihrer finanziellen Möglichkeiten Verständnis haben.

Dabei kann Angelika ihn fragen: »Warum sind gerade diese Turnschuhe so wichtig für dich und für die anderen? Wer trägt sie noch? Was versprichst du dir von solchen Turnschuhen? Was könnte passieren, wenn du keine hast?« Vielleicht entdeckt Jannik nun, dass die Sache für ihn doch nicht so viel Gewicht hat.

Als Clou könnte Angelika ihrem Sohn noch »Styling-Hilfe« anbieten, zum Beispiel: »Zieh einfach farbige Schnürbänder in die preiswerten Turnschuhe. Das ist viel witziger, als mit den gleichen Schuhen herumzulaufen wie alle anderen. Damit bist du etwas Besonderes – und wirst bestimmt Trendsetter!« Lässt Jannik sich trotzdem nicht umstimmen, kann sie immer noch eindeutig Stellung beziehen: »Ich gebe auf keinen Fall mehr als 70 Euro für neue Turnschuhe aus.«

Markenzwänge verstehen

Jannik wird es gut tun, wenn seine Mutter seinen Wunsch ernst nimmt und mit ihm darüber redet. Schließlich gehören bei den Kids heute bestimmte Markenfavoriten zum Styling-Standard. Und wer beim Outfit nicht mithalten kann, ist uncool und wird leider allzu oft zum Außenseiter abgestempelt. Das will natürlich niemand. Gerade die unsicheren und ängstlichen (Vor-)Pubertierenden brauchen die Edelverpackungen mit Kultstatus meist noch dringend, um sich bei ihrer Suche nach Selbstständigkeit und ihrer eigenen Linie dahinter verstecken zu können.

Marken machen stark – zumindest äußerlich. Eltern, die das verstehen, können Konflikte um Konsumgrenzen besser austragen. Denn mit offenen Kämpfen gegen die Labels kommen Sie nicht weit – zumindest so lange nicht, bis Ihr Kind ein gesundes Selbstbewusstsein entwickelt und sich in seiner Klasse oder Clique eine anerkannte Position erworben hat. Dann muss es sich nicht mehr wie ein »Herdentier« in eine Markenuniform zwängen. Doch wer nicht bereit ist, den Markenterror mit zu tragen und der Konsumspirale bis in schwindelnde Höhen zu folgen, verteidigt bis dahin seine persönlichen Grenzen und sein Portemonnaie mit einem verständnisvollen Kurs besser als mit einem offenen Nein.

Absagen versüßen

Diese Taktik bewährt sich auch bei anderen Konfliktstoffen bestens. So können Sie schon kleine Kinder damit in ihre Schranken verweisen, ohne ständig Nein sagen zu müssen: »Ich verstehe ja, dass du jetzt gern etwas naschen möchtest. Aber es gibt gleich Mittagessen. Ich möchte, dass du erst nach dem Essen Schokolade isst.« Oder: »Ich verstehe, dass du gern mit deinem großen Bruder zum Spielplatz laufen möchtest. Aber das ist gefährlich. Ich möchte, dass du hier im Garten bleibst.« Mit einer solchen Prise Verständnis versüßen Sie Ihrem Kind eine bittere Absage ungemein!

> Mit einer Prise Verständnis können Sie Ihrem Kind bittere Absagen ungemein versüßen.

Denkpause: Sind Sie ein häufiger Nein-Sager?

Hand aufs Herz: Wie häufig benutzen Sie im Alltag Ihrem Kind gegenüber das kleine Wörtchen »Nein«?

- ▶ sehr oft ☐
- ▶ oft ☐
- ▶ selten/so wenig wie möglich ☐
- ▶ sehr selten/möglichst gar nicht ☐

Beobachten Sie sich selbst einmal kritisch. Wie benutzen Sie das Wort »Nein«? Oft in Ausrufen oder normalen Sätzen (»Oh nein, nicht schon wieder …«)? Nur für Verbote (»Nein, lass das …«)? Als Kommentar zu Aktivitäten Ihres Kindes, die Sie dann aber doch tolerieren (»Nein, bleib hier …«, während Ihr Sprössling wegläuft und Sie ihn nicht daran hindern)? Wie oft ließe sich ein Nein vermeiden? Wie viele wirklich wichtige Neins blieben übrig?

Taktische Ausweichmanöver

Je seltener Sie das Wörtchen »Nein« benutzen, desto schwerer wiegt es, wenn es wirklich fällt. Und desto leichter wird Ihr Kind es in diesen Fällen akzeptieren. Schließlich weiß es, dass Sie es dann tatsächlich ernst meinen und garantiert nicht bereit sind, von Ihrem Nein abzurücken. Sparen Sie deshalb Ihre Neins für solche Situationen auf, in denen Sie absolut nicht bereit sind, über Ihre Grenzen und Regeln mit sich handeln zu lassen. Wenn Sie jedoch bereit sind, in Grenzverhandlungen einzutreten, eventuell einen Kompromiss zu schließen oder die Grenzlinie nicht ganz so strikt zu kontrollieren, versuchen Sie so oft wie möglich, sich ein Nein zu ersparen. Hilfreich dabei sind kleine taktische Ausweichmanöver:

1. Zeit gewinnen

Reagieren Sie nicht spontan, sondern probieren Sie, Zeit zu gewinnen. Vor allem in der Hektik des Alltags, in der kleine Leute uns nur allzu gern geschickt überrumpeln, können Sie Ihr Kind durch ein kurzes »Moment mal, was möchtest du?« oder: »Was ist da eben passiert?« erst einmal abbremsen. So können Sie sich sammeln und überlegt antworten. Damit vermeiden Sie ein schnelles Nein ebenso wie ein voreiliges Ja, das Sie hinterher bereuen.

2. Bedenkzeit erbitten

Bei größeren Problemen ist es ohnehin Ihr gutes Recht, sich Bedenkzeit zu erbitten. Nur so können Sie Entscheidungen treffen, die Ihrer persönlichen Linie entsprechen und Ihnen hinterher kein Bauchgrimmen bereiten. Angelika und Klaus hätten zum Beispiel, nachdem sie sich im Geschäft nicht mit Jannik einigen konnten, sagen können: »Wir wissen jetzt, wie das Angebot aussieht. Für heute gehen wir nach Hause und denken alle noch einmal darüber nach. Dann

Beschränken Sie Ihre Neins auf Situationen, in denen Sie absolut nicht bereit sind, über Ihre Regeln und Grenzen zu verhandeln.

sprechen wir wieder miteinander.« Eine andere Variante: Klaus hätte sagen können: »Ich möchte noch einmal in Ruhe mit Mama darüber reden. Wir unterhalten uns morgen weiter.« Nach einer solchen Denk- und »Kampfpause« sind Probleme manchmal gehörig geschrumpft und gar nicht mehr so dramatisch wichtig. Zumindest hilft der Abstand, einen klaren Kopf zu behalten. Wenn Sie dann tatsächlich Ihren Grenzschlagbaum öffnen, tun Sie es ganz bewusst und ohne unter (Zeit-)Druck zu stehen.

3. Debatten vertagen

Passt etwas grundsätzlich in Ihr Grenz- und Regelkonzept – nur nicht gerade zu diesem Zeitpunkt, verkneifen Sie sich auf jeden Fall ein Nein. Schließlich haben Sie ja eigentlich nichts dagegen. Statt einem »Nein, jetzt nicht …« kommt dann eine (vage) Zusage wie »Ja, vielleicht nachher …«, »Ja, mal sehen …« oder »Ja, später …« viel besser an. Wären Angelika und Klaus beispielsweise bereit, Jannik seinen Wunsch zu erfüllen, wollen sie die Edelturnschuhe aber nicht einfach so zwischendurch kaufen, dann könnten sie mit einem »Ja, eventuell zum Geburtstag …« die Debatte ohne Gesichtsverlust vertagen.

4. Versöhnliche Formulierungen ausdenken

Ganz raffiniert, aber im Alltag natürlich manchmal schwer umzusetzen, ist die Idee, sich für das rigorose Nein bei einem Grenzkonflikt eine andere versöhnlichere Formulierung auszudenken, zum Beispiel: »Du verstehst sicher, dass …« , »Du kannst dir sicher denken, dass …« oder »Du weißt bestimmt genau, dass …«. Der amerikanische Familien- und Kindertherapeut Mark L. Brenner schlägt als eine solche Zauberformel »Ich weiß, dass du das verstehst« vor. Dieser kleine Satz, so schreibt er in seinem Buch »Positiv erziehen«, enthält alle wichtigen Botschaften, die Eltern an ihr Kind senden sollten: »Du

Will Ihr Kind unbedingt einen teuren Markenartikel haben, vertrösten Sie es doch auf den nächsten Geburtstag. Vielleicht hat sich die Mode bis dahin ohnehin längst gewandelt. Wenn nicht, ist ein Geburtstag der richtige Anlass, um sich mal etwas Besonderes wünschen zu dürfen.

135

bist klug, ich vertraue dir, ich respektiere dich.« – Und deshalb setze ich darauf, dass du meine Absage verkraftest und akzeptierst und dich an die von mir gesetzte Grenze hältst. Denn – und das steht zwischen den Zeilen – bei Eltern, die es schaffen, bei Grenzstreitigkeiten so gelassen und konsequent zu reagieren, haben Kinder ohnehin keine andere Wahl!

Denkpause: Ich habe eine glänzende Rüstung – Eine Traumreise

Wie steht's mit Ihrer Gelassenheit? Schaffen Sie es, Probleme im Erziehungsalltag ruhig und sachlich zu lösen? Oder machen Ihnen Ihre Emotionen immer wieder einen Strich durch die Rechnung? Würden Sie Ihrem Kind gern ganz cool entgegentreten, sitzen stattdessen aber sehr schnell auf der nächsten Palme? Dann sollten Sie sich eine glänzende Rüstung zulegen. Die schützt Sie vor Gebrüll und Tränen kleiner Leuten ebenso wie vor der Besserwisserei großer Zeitgenossen. So sind Sie jedem Konflikt gewachsen.

Setzen oder legen Sie sich bequem hin, schließen Sie die Augen, und atmen Sie entspannt tief und gleichmäßig ein und aus. Dann stellen Sie sich vor, Sie legen eine glänzende Rüstung an. Vielleicht ziehen Sie zuerst ein dickes Hemd über. Darüber kommt der Brustpanzer, dann einer für den Rücken. Nun schützen Sie Arme und Beine. Und zum Schluss setzen Sie einen Helm mit Visier auf.

Nun sind Sie fertig gepanzert – groß und stark. Ihre Rüstung glänzt in der Sonne. Alle Angriffe von außen prallen an ihr ab. Sie können nicht nach innen bis zu Ihnen durchdringen, Ihre sensible Seele, Ihre Gefühle, Ihren Körper nicht erreichen. Nichts kann Sie verletzen. Nichts kann Sie aus der Ruhe bringen. Genießen Sie dieses Gefühl der Sicherheit und Stärke noch einige Atemzüge lang. Dann nehmen Sie dieses Bild mit zurück in Ihren Alltag. Immer wenn Sie sich von außen angegriffen fühlen, holen Sie es sich wieder ins Gedächtnis. Wenn Sie Ihre glänzende Rüstung anlegen, kann Ihnen nichts passieren.

In einer glänzenden Rüstung sind Sie gut geschützt vor Kindergebrüll und Besserwisserei – auch wenn es sich nur um eine eingebildete handelt.

Grenzkontrollen: Wann Sie Ihre eigene Linie überdenken sollten

»Ich kann nicht schlafen.« Seit ein paar Wochen steht Finn (8) jeden Abend im Wohnzimmer und jammert. Andrea (30) und Jens (31) sind bereits ziemlich genervt. Immer diese Störungen! Bisher hat ihr älterer Sohn doch nie Schwierigkeiten beim Schlafengehen gemacht. Warum fängt er jetzt damit an, fragen sie sich. »Ich bin einfach noch nicht müde«, mault Finn, wenn er abends zusammen mit seinem Bruder Max (5) um 19 Uhr ins Bett soll. Doch Andrea meint, das stimme nicht: »Du musst morgen wieder in die Schule. Da brauchst du deinen Schlaf.« Aber statt zu schlafen, wandert Finn jetzt jeden Abend hin und her und stört seine Eltern ...

Dauerhafte Grenzkonflikte können ein Indikator dafür sein, dass Sie Ihre Grenzen neu abstecken müssen.

Eine konsequente Haltung ist das A und O der Erziehung. Das wissen Sie inzwischen. Und trotzdem: Manchmal verstellt die eigene Konsequenz den Blick dafür, dass Veränderungen auf die Tagesordnung gehören. Denn schließlich bleibt Ihr Kind nicht immer drei Jahre alt, und auch Ihre eigenen Bedürfnisse und Lebensbedingungen verändern sich im Laufe der Zeit. Manchmal passen bisher gültige Grenzen und Regeln dann einfach nicht mehr dazu.

Ein wichtiger Indikator dafür ist Streit in der Familie. Wenn es zu Hause kriselt, die Stimmung im Keller ist und die Atmosphäre absolut nicht mehr stimmt, sind Sie gefordert. Vor allem dauerhafte Grenzkonflikte und ständige Auseinandersetzungen um die gleichen Regeln sollten Grund genug sein, Ihre eigene Linie noch einmal gründlich zu überdenken (siehe auch den Abschnitt »Regeln«, S. 97 ff.).

Was tun, wenn die lieben Kleinen abends erst richtig munter werden?

Herausgewachsen: Zu enge Grenzen

Vielleicht ist Ihr Kind inzwischen schlicht und einfach aus einer Regel
herausgewachsen, ist die von Ihnen gesetzte Grenze viel zu eng für
sein Alter und seinen Entwicklungsstand. Für Finn in unserem Beispiel könnte das durchaus zutreffen. Kinder haben ganz unterschiedliche Schlafbedürfnisse. Und mit acht Jahren brauchen kleine
Leute meist weniger Stunden als ihre jüngeren Geschwister mit fünf.
Andrea und Jens täten also gut daran, dies anzuerkennen und Finn zu
erlauben, später ins Bett zu gehen. Zumindest wäre diese Lösung
einen Versuch wert.

Das heißt jedoch nicht, dass die Eltern nun ein Abendprogramm für
ihren Sohn gestalten müssen, so lange, bis er müde ist. Andrea und
Jens haben auch ein Recht auf ihren ungestörten Feierabend. Sie
könnten deshalb ihre eigene Grenze beibehalten und ab 19 Uhr auf kin-
derfreier Zeit bestehen, dafür aber für Finn eine neue Regel aufstellen: »Du darfst bis um 20 Uhr in deinem Zimmer noch lesen, Musik
oder Kassette hören. Dann kommt einer von uns zu dir zum Gute-
Nacht-Sagen. Und danach wird geschlafen.« Finn wäre zufrieden und
stolz, endlich als der »Große« anerkannt zu sein, und Andrea und Jens
hätten wahrscheinlich abends wieder ihre wohlverdiente Ruhe. Ohne
ihre eigene Grenze verschieben zu müssen, hätten sie viel erreicht.

> Kinder unterschied-
> lichen Alters brau-
> chen unterschiedlich
> viel Schlaf und
> damit auch unter-
> schiedliche Bettgeh-
> Regeln.

Überfordert: Zu weite Grenzen

Umgekehrt kann es auch Probleme geben, wenn Kinder den Grenzen und Regeln ihrer Eltern von ihrem Alter oder Entwicklungsstand
her (noch) nicht gewachsen und damit ständig überfordert sind. Für
Jungen und Mädchen, die sehr zappelig und unruhig sind und einen
enormen Bewegungsdrang haben, ist es zum Beispiel eine Tortur,
während der Mahlzeiten so lange still am Tisch sitzen zu müssen, bis
alle mit dem Essen fertig sind. Die Folge: Unruhe, Chaos, Ärger, bis
allen der Appetit vergangen ist. Da heißt es dann abwägen: Was ist für

mich wichtiger – ein stressfreies Essen oder das Durchsetzen von Benimm-Regeln? Eine Entscheidung, die wahrscheinlich ganz leicht ist, wenn Sie sich in die Lage Ihres Kindes versetzen.

Schrauben Sie Ihre Ansprüche also etwas zurück, wenn Sie merken, dass Sie einfach zu viel verlangt haben. So können Sie bei Ihrem Zappelphilipp darauf bestehen, dass er nur, solange er selber isst, ruhig am Tisch sitzen soll. Das erspart ihm viel Frust und schont Ihre Nerven. Wird Ihr Kind älter, können Sie immer noch auf längerer Anwesenheit bei den Mahlzeiten bestehen. Vielleicht bleibt Ihr Sprössling dann ohnehin von ganz allein bei Ihnen sitzen.

> Eltern sind keine Erziehungsroboter und können deshalb Fehler machen. Das schadet keinem Kind, solange Sie ihm gegenüber einen Fehler auch mal offen zugeben können.

Fehler eingestehen

Konsequenz darf also keinesfalls in Starrsinn ausarten. Wenn Sie tatsächlich feststellen, dass Ihre Grenzen zu eng, Ihre Regeln zu schwer zu befolgen waren, ziehen Sie selbst die Konsequenzen daraus. Wer dann nur still und heimlich seine eigene Grenze etwas verschiebt oder eine Regel ohne weitere Erklärung lockert, tut sich und seinem Kind keinen Gefallen.

Besser ist, Sie sprechen die Angelegenheit offen an und geben Ihren Fehler zu. Damit gestehen Sie keine Schwäche ein – Sie gewinnen im Gegenteil in den Augen Ihres Kindes an Stärke. Schließlich sind auch wir Eltern nur Menschen und keine Erziehungsroboter! Und manchmal übersehen wir beim Blick auf unsere eigenen Grenzen und in der Hektik des Alltags einfach etwas Wichtiges. Das kann jedem mal passieren. Hauptsache, wir stehen dazu.

So könnten Andrea und Jens sich mit Finn zusammensetzen und ihm erklären, dass sie nicht rechtzeitig bemerkt hätten, dass er inzwischen weniger Schlaf braucht als sein kleiner Bruder. Dann könnten sie ihrem Sohn die neue Regel erklären. Finn wäre sicher glücklich über das Verständnis seiner Eltern und bestimmt sofort

bereit, sich daran zu halten. Und ganz nebenbei hätten ihm Mama und
Papa auch noch vorgemacht, dass Starrsinn nichts bringt und es sich
lohnt, Fehler einzugestehen und daraus zu lernen.

Eltern, die die Größe haben, mit ihren Kindern offen über eigene Fehl-
entscheidungen und falsches Handeln zu reden, sich, wenn nötig,
sogar bei ihnen zu entschuldigen, sind ein echtes Vorbild, dem kleine
Leute gut folgen können.

Gemeinsam Lösungen suchen

Beteiligen Sie Ihr
Kind daran, Lösun-
gen für Konflikte zu
finden – so wird es
hinterher eher bereit
sein, die gemeinsam
gefundenen Regeln
einzuhalten.

Bei solchen Eltern, die zwar konsequent sind, aber keine sture Prinzi-
pienreiterei betreiben, müssen Kinder auch nicht unbedingt auf Konfrontationskurs gehen, um sich selbst abzugrenzen. Kooperation ist
möglich. Nutzen Sie das. Suchen Sie bei Konflikten gemeinsam mit den
Kids nach Lösungen. Setzen Sie sich zusammen, halten Sie eventuell
eine Familienkonferenz ab, und fragen Sie Ihren Sohn oder Ihre Tochter:
»Was schlägst du vor, um das Problem in den Griff zu bekommen?«
oder »Wie würdest du diesen Konflikt regeln? Hast du eine Idee?«

Wer aktiv daran beteiligt ist, ist später auch eher bereit, das Schlich-
tungsergebnis mit zu tragen und sich an eine veränderte Grenze oder
neue Regel zu halten. Vielleicht hätten Andrea und Jens ihren Ältesten
auch einfach mal fragen sollen, was er vorschlägt, damit es nicht
mehr jeden Abend solche Nervereien gibt. Möglicherweise hätte Finn
schnell eine gute Idee präsentiert.

Klar, kleine Kinder können noch nicht selbst entscheiden. Sie brauchen von Ihnen als Eltern noch ein enges Korsett für ihr Handeln.
Doch je älter und selbstständiger Ihr Sprössling wird, desto stärker
können Sie ihn einbeziehen. Damit Ihnen nicht komplett die Kontrolle entgleitet, sollten Sie jedoch eindeutig Ihre persönlichen Grenzen formulieren und abstecken. Dann ist von vornherein klar, wie weit
bestehende Grenzen verschoben werden können oder nicht. Und Ihr

Kind weiß genau, in welchem Rahmen eine mögliche Lösung gefunden werden soll, welchen Spielraum Sie ihm (zurzeit) zugestehen. Lassen Sie sich überraschen. Kleine Leute sind meist sehr kreativ und fantasievoll – vor allem wenn es um ihre eigenen Interessen und Bedürfnisse geht. Seien Sie – innerhalb Ihrer ganz persönlichen Grenzen – offen für Neues. Verabreden Sie notfalls eine Probezeit für eine neue Regel. Danach wird überprüft, ob sie zur Zufriedenheit aller funktioniert. Falls diese Lösung nicht klappt, können Sie immer noch auf einer anderen bestehen.

> Wenn Sie sich nicht sicher sind, ob eine gemeinsam gefundene Lösung funktionieren wird: Verabreden Sie doch einfach eine Probezeit!

Verträge abschließen

Sind Sie trotz kritischer Überprüfung der Meinung, dass Grenzanpassungen und Regeländerungen (noch) nicht nötig sind, müssen Sie ständige Grenzstreitigkeiten anders anpacken. Eine Möglichkeit ist, es mit einer Pluspunkte-Sammel-Aktion (siehe den Abschnitt »Gezielte Anreize schaffen«, S. 116) zu versuchen. Sie können aber ab dem Vorschulalter mit Ihrem Kind auch einen richtigen »Vertrag«

Wer einen Vertrag schließt, kann sich besser vertragen.

Ein schriftlicher Vertrag lässt Ihren Sprössling um ein paar Zentimeter wachsen – weil er sich dadurch wichtig genommen fühlt.

abschließen. Überlegen Sie gemeinsam in Ruhe, was Sie mit dieser Vereinbarung genau regeln wollen und wer sich darin zu was verpflichtet. Dann setzen Sie Ihr Vertragswerk gemeinsam auf. Bei Kindern, die selbst noch nicht (so viel) schreiben können, müssen Mama und Papa natürlich das Schriftliche übernehmen. Ansonsten schreibt am besten jeder der Vertragspartner seinen Part selbst auf.

Andrea und Jens könnten zum Beispiel mit Finn folgenden Vertrag schließen:

Vertrag zwischen Finn und Mama und Papa über Schlafenszeiten

1. Finn geht um 19 Uhr in sein Zimmer. Dort darf er bis 20 Uhr lesen, Kassette oder Musik hören.

2. Finn stört während dieser Zeit Mama und Papa nicht mehr.

3. Mama oder Papa kommen um 20 Uhr in Finns Zimmer und sagen ihm Gute Nacht.

4. Danach macht Finn das Licht aus und schläft.

5. Stört Finn Mama und Papa doch, darf er nicht mehr lesen, Kassette oder Musik hören.

6. Vergessen Mama und Papa das Gute-Nacht-Sagen, müssen sie Finn am nächsten Tag zusätzlich eine Geschichte vorlesen.

7. Klappt die Regelung die ganze Woche, verbringen Mama und Papa an einem Abend am Wochenende die Stunde von 19 bis 20 Uhr zusammen mit Finn. In dieser Zeit darf Finn sich aussuchen, was sie gemeinsam machen sollen.

....

(Unterschrift Finn)   (Unterschrift Mama und Papa)

Wichtig ist, dass ein solcher Vertrag auch angenehme und unangenehme Konsequenzen festlegt. So weiß jeder ganz genau, woran er ist. Um zusätzliche Anreize zu schaffen, können Sie natürlich auch vertraglich das Sammeln von Pluspunkten regeln und entsprechende Belohnungen für das Erfüllen der Vertragsverpflichtungen aussetzen. Doch dann sollten negative Folgen ebenfalls nicht fehlen, mit denen Ihr Kind bei Vertragsbruch rechnen muss.

Fazit

▸ Wer seine Grenzen verteidigen will, muss auch bereit sein, konsequent zu bleiben und nicht vorschnell nachzugeben.
▸ Kinder brauchen ganz klare und eindeutige Aufforderungen.
▸ Eltern sollten Entschlossenheit demonstrieren und berechenbar, zuverlässig und immer gleich reagieren. Sie dürfen nicht zögern, Konsequenzen durchzusetzen. Reden statt Handeln ist die Devise.
▸ Nerviges Verhalten und Regelverstöße dürfen sich nie lohnen.
▸ Aufmerksamkeit darf es nur für erwünschtes Verhalten geben.
▸ Eltern sollten bei ihrem Kind das Verhalten, das sie erreichen wollen, fördern, statt ihm das abzugewöhnen, was ihnen nicht gefällt. Sie sollten loben statt strafen und gezielt Anreize geben.
▸ Unerwünschtes Verhalten muss sofort Konsequenzen haben.
▸ Machtkämpfe gilt es um jeden Preis zu vermeiden. Eine »Auszeit« kann verhindern, dass eine Situation eskaliert.
▸ Ein klares und deutliches Nein hilft Grenzen zu verteidigen. Doch wenn dieses gewichtige Wort inflationär gebraucht wird, verliert es an Bedeutung.
▸ Bei dauerhaften Grenzkonflikten müssen Grenzen und Regeln überprüft und eventuell angepasst werden. Manchmal hilft es, gemeinsam mit dem Kind nach Lösungen zu suchen.

Ein Vertrag kann in gegenseitigem Einvernehmen wieder aufgehoben werden, wenn das, was er regelt, problemlos klappt und der ständige Grenzkonflikt der Vergangenheit angehört.

Konsequente Eltern lassen sich
auch in der Hektik des Alltags
nicht von ihrem Weg abbringen

Konsequent
bleiben

Wie schaffe ich
das im Alltag?

Inkonsequenz konsequent vermeiden

Schuldgefühle sind kein guter Ratgeber, wenn es darum geht, die Einhaltung von Regeln durchzusetzen.

»Räum jetzt endlich dein Zimmer auf! Ich will da staubsaugen.« Marion (27) ist bereits geladen. Seit einer halben Stunde ermahnt sie Robin (4), er solle seine Bausteine, Autos und Bilderbücher in Kisten und Regalen verstauen. Doch nichts passiert. Ihr Sohn sitzt mitten in seinem Chaos und spielt seelenruhig mit einem Lastwagen. Marion ist sauer. Schließlich hat sie nicht nur ihren Haushalt zu erledigen, sondern auch noch einen Halbtagsjob. Da ist die Zeit knapp. »Wenn du nicht sofort aufräumst«, fährt sie Robin an, »frisst der Staubsauger deine kleinen Bausteine. Und das Schwimmbad kannst du dann sowieso vergessen!« – Robin schreckt hoch und versucht, so schnell wie möglich einige Spielsachen ins Regal zu stopfen. Da kommt Marion mit dem Staubsauger ins Zimmer. Robin brüllt los. Doch seine Mutter fängt schon an, selbst die Bausteine vom Boden zu sammeln. Erleichtert macht Robin sich aus dem Staub. Gut, dass Mama ihre Drohung nicht wahrgemacht hat! Und später fährt sie sogar noch ins Schwimmbad mit ihm ...

Berufstätige Mütter haben es nicht leicht. Ihre Doppel- und Dreifachbelastung zerrt ganz schön an Kraft und Nerven. Und fast immer leiden sie unter Schuldgefühlen gegenüber ihren Kindern. Kein Wunder, dass gerade sie es sind, die es mit der Konsequenz oft nicht so genau nehmen. Ihr schlechtes Gewissen hält sie häufig davon ab, ihre Grenzen strikt zu verteidigen und auf der Einhaltung von Regeln auch wirklich zu bestehen. Immer wieder geben sie nach – und setzen so für ihr Kind die falschen Signale.

Die 7 Stolpersteine auf dem Weg zur Konsequenz

Klar, in der Hektik des Alltags immer einen kühlen Kopf und den großen Überblick zu bewahren ist natürlich nicht ganz einfach. Und was uns allen theoretisch durchaus einleuchtet, ist bei Zeitdruck und Kindergebrüll nicht jedes Mal so leicht in die Praxis umzusetzen. Doch wenn es einmal nicht klappt, ist das noch lange kein Grund, zu verzweifeln. Schließlich haben Sie inzwischen so viel Klarheit in Sachen Erziehung und Standfestigkeit in Ihrer eigenen Position gewonnen, dass es Ihnen garantiert nicht mehr so schwer fällt, auch unter widrigen Umständen wirklich konsequent zu sein. Nun müssen Sie nur noch aufpassen, dass Sie nicht ins Straucheln geraten und sich durch Hindernisse von Ihrem konsequenten Weg abbringen lassen. Als Warnung deshalb hier die sieben häufigsten Stolpersteine, die Sie als Eltern am besten umgehen sollten.

1. Leere Versprechungen

Ob Bausteine-fressende Staubsauger oder gestrichene Schwimmbad-Besuche – wenn Sie als Eltern Konsequenzen ankündigen, müssen diese wirklich durchführbar sein. Und Sie müssen sich auch daran halten und sie sofort in die Tat umsetzen. Leider ist das bei vielen der täglich ausgesprochenen »Wenn-dann-Ankündigungen« nicht machbar. Und so werden sie zu erstklassigen Stolpersteinen in Sachen Konsequenz. Denn mit leeren Versprechungen erreichen Sie bei Ihrem Kind gar nichts. Es registriert sie irgendwann nicht einmal mehr. Kleine Leute erkennen nämlich schnell, ob etwas im Bereich des Möglichen liegt oder nicht. So wissen sie spätestens beim zweiten Mal, dass Mama sie garantiert nicht auf der Landstraße aus dem Auto wirft, weil sie lärmen. Und auch die Ankündigung »Wenn du dich jetzt nicht

Hadern Sie nicht mit sich selbst. Lernen Sie stattdessen aus Ihrer eigenen Inkonsequenz. Beim nächsten Mal läuft's bestimmt wieder besser.

anziehst, fahren wir ohne dich zur Oma, und du musst allein zu Hause bleiben« nehmen Fünfjährige nicht mehr für bare Münze.

Überlegen Sie deshalb immer kurz, welche Konsequenzen Sie gerade androhen wollen. Nur etwas, das wirklich umsetzbar ist, hilft Ihnen, konsequent zu bleiben. Hüten Sie sich vor allem vor allzu abenteuerlichen Ankündigungen. Die gehören entweder in die Abteilung Humor oder sollten schnell wieder heruntergeschluckt werden. Denn erleben wird Ihr Kind sie ohnehin nie. So demontieren Sie damit höchstens Ihre eigene Glaubwürdigkeit. Kündigen Sie also besser weniger an, und setzen Sie dafür mehr davon sofort in die Praxis um. Handeln statt reden. Dann klappt's auch mit der Konsequenz.

2. Bedrohliche Strenge

Arg ins Stolpern bringen kann uns ebenfalls unsere Wut. Denn wenn wir sauer sind, greifen wir leicht mal zu tief in die Kiste mit möglichen Folgen. Dann kündigen wir harte Konsequenzen an, die uns, sobald unser Zorn etwas verraucht ist, wahrscheinlich Leid tun: »Wenn der Krach nicht bald aufhört, darfst du nie wieder mit Felix spielen« oder »Wenn dein Fahrrad noch einmal abends auf dem Hof liegt, schließe ich es für immer weg, und du bekommst es nie wieder«. Spätestens am zweiten Tag sehen wir ein, dass wir solche zwar logischen, aber extrem strengen Folgen gar nicht konsequent durchsetzen können und wollen. Schließlich wollen wir unser Kind ja nicht einschüchtern, verängstigen und klein machen. Da haben wir uns einfach etwas vergaloppiert. So lassen wir still und heimlich die strenge Maßnahme unter den Tisch fallen: Felix darf wieder zum Spielen kommen, das Fahrrad wieder benutzt werden – und wir verhalten uns unseren Kindern gegenüber wieder mal total inkonsequent! Vermeiden Sie solche Manöver deshalb besser von vornherein. Sie untergraben nicht nur Ihre eigene Konsequenz, sondern werden von

Mit unglaubwürdigen Drohungen nehmen Sie sich nur selbst die Chance, wirklich konsequent durchzugreifen und von Ihrem Kind ernst genommen zu werden.

kleinen Leuten auch schnell als ungerechte und willkürliche Strafe empfunden. Und das belastet nur Ihre Beziehung.

Verkneifen Sie sich Formulierungen wie »nie wieder«, »für immer« und »auf gar keinen Fall«. Die bereuen Sie sowieso schnell, weil Sie sie nicht durchhalten können. Mit etwas weniger bedrohlichen, dafür aber alltagstauglichen Ankündigungen schaffen Sie es mühelos, konsequent zu bleiben. Und falls Sie sich in aufgeheizter Stimmung doch mal zu extra harten Androhungen haben hinreißen lassen, entschuldigen Sie sich später bei Ihrem Kind, und wandeln Sie Ihre harte Ankündigung in eine realistische Folge um. Damit vergeben Sie sich nichts – gewinnen aber enorm an Glaubwürdigkeit.

Bevor Sie sich zu völlig überzogenen Konsequenzen hinreißen lassen, die Sie niemals durchsetzen können: Atmen Sie lieber erst einmal durch, damit nicht Wut und schlechte Laune das Maß an logischen Folgen diktieren.

3. Falsches Mitleid

»Das arme Kind! Vielleicht bin ich doch zu streng«, denken viele Eltern, wenn ihr Sprössling dicke Krokodilstränen vergießt, weil er tatsächlich die angekündigte Konsequenz für sein Verhalten tragen muss. Schon packt uns wieder einmal das schlechte Gewissen, und unsere feste Haltung gerät sofort ins Wanken. Ganz schnell finden wir dann irgendeine Entschuldigung dafür, warum wir gerade in diesem Augenblick nicht auf Einhaltung einer Regel bestehen sollten: Schließlich ist unser Liebling noch viel zu klein dazu – oder heute zu müde, zu geschafft von der Schule oder zu hungrig. Kurzum: Was wir von ihm verlangen, ist eine völlige Zumutung. Doch mal ganz ehrlich: Wahrscheinlich haben wir diese Regel mit Bedacht aufgestellt und die Konsequenzen bei Nichtbeachtung ebenfalls gut überlegt. Warum also jetzt das Mitleid, das uns in die Inkonsequenz treibt? Kinder können fantastische kleine Schauspieler sein, wenn es um ihre Interessen geht. Und je öfter wir darauf hereinfallen, desto leichter sind wir erpressbar. Doch einen Gefallen tun wir unserem Kind mit unserer Inkonsequenz bestimmt nicht. Und auch mit Liebe haben solche Rückzieher wenig zu tun.

Statt unsere Konsequenz ad acta zu legen, sollten wir lieber etwas gegen unsere Schuldgefühle gegenüber unseren Kindern tun. Etwas mehr Zeit mit ihnen verbringen, öfter mal zusammen spielen, häufiger mit ihnen über ihre Erlebnisse und Sorgen reden. Wer sich so um sein Kind kümmert, muss kein falsches Mitleid haben.

4. Hohe Erwartungen

Manchmal überfordern wir unsere Kinder auch schlicht und einfach. Dann können unsere hohen Erwartungen unsere Konsequenz zu Fall bringen. Denn wenn kleine Leute noch nicht reif genug sind, um tatsächlich eine Grenze zu akzeptieren oder eine Regel einzuhalten, werden sie es auch dadurch nicht schaffen, dass wir Eltern Folgen ankündigen und auch konsequent durchsetzen. Unsere Aktionen laufen ins Leere, und wir werden in unserer Hilflosigkeit dann doch inkonsequent. Eine verfahrene Situation!

Überlegen Sie deshalb, bevor Sie eine Regel aufstellen oder eine Grenze ziehen, ob Ihr Kind von seinem Alter und Entwicklungsstand her in der Lage ist, sie zu beachten. Wahrscheinlich schafft der vierjährige Robin im obigen Beispiel es noch gar nicht, sein Zimmer ganz allein aufzuräumen. Wenn Marion dabei wäre und ihm klare Anweisungen wie »Pack alle Autos in diese Kiste« geben würde, könnte er jedoch durchaus seinen Teil beitragen. Schrauben Sie also notfalls Ihre Ansprüche erst mal herunter. So kann Ihr Kind Ihre Anforderungen erfüllen, und Sie schaffen es, konsequent zu bleiben.

Nicht selten mangelt es an Konsequenzen, weil wir überhaupt nicht daran gedacht haben, sie könnten erforderlich werden. Auch dann macht sich Hilflosigkeit bei uns Eltern breit, und wir pfeifen auf unsere Konsequenz. Leider. Denn gerade Kinder, die sich abgrenzen wollen, brauchen uns als Widerpart. Rechnen Sie deshalb besser immer mit dem Widerstand kleiner Leute!

Falsche Erwartungen hegen wir Eltern oft auch in Sachen Kooperationsbereitschaft unserer Kids. Wir gehen stillschweigend davon aus, dass unser Kind unsere Grenzen und Regeln akzeptiert. Pech für uns, wenn es gar nicht daran denkt, sondern ganz andere Vorstellungen im Kopf hat.

5. Zu viele Regeln

Wer zu Hause ein gigantisches Regelnetz spannt, darf sich nicht wundern, wenn sein Sprössling sich darin verfängt. Ist jede Kleinigkeit bis ins Detail reglementiert, können Kinder es kaum schaffen, sich komplett daran zu halten. Und wahrscheinlich wollen sie es auch gar nicht. So riskieren Sie als Eltern, dass Ihre Konsequenz auf eine harte Probe gestellt und überstrapaziert wird. Denn an vielen Fronten zu kämpfen kann ganz schön zermürben. Irgendwann schaffen es dann selbst die Standfestesten unter Ihnen nicht mehr, in jeder Situation konsequent zu sein. Das Regelnetz bekommt Löcher, durch die Ihr Kind sehr leicht schlüpfen kann. So entzieht es sich, wenn Sie Pech haben, auch wirklich wichtigen Regeln und Grenzen.

Hüten Sie sich deshalb davor, zu viele Regeln aufzustellen. Damit überfordern Sie Ihr Kind ebenso wie Ihre eigene Konsequenz. Regeln Sie nur das klar und deutlich, was Ihnen absolut wichtig ist. Weniger ist in jedem Fall mehr. So haben Sie die Chance, auf das Verhalten Ihres Sohnes oder Ihrer Tochter wirklich konsequent zu reagieren.

Weniger ist mehr – das gilt auch für die Regeln, die in der Familie gelten.

Kinder, die sich in einem Paragraphennetz verfangen, beachten bald gar keine Regeln mehr.

Setzen Sie auf
Kooperation statt
auf Konfrontation.
Das tut Ihrer Bezie-
hung zu Ihrem
Nachwuchs und
der Stimmung in
der Familie gut.
Und Sie schaffen es
dann locker, in
wirklich wichtigen
Fragen konsequent
zu bleiben.

6. Zu enge Regeln

Auch wenn Sie die Grenzen zu eng ziehen und Regeln aufstellen, die zu sehr gängeln, wird Ihre Konsequenz bestimmt bald darunter leiden. Denn Kids, die unter einem zu strengen Regiment stehen, lehnen sich irgendwann auf und sind zu gar keiner Kooperation mehr bereit. Mit Ihren Konsequenzen erreichen Sie dann nichts mehr. Im schlimmsten Fall versucht Ihr Kind sogar, alle Ketten zu sprengen und sich so den Freiraum zu verschaffen, den es dringend braucht. Doch fahren kleine Leuten erst einmal einen totalen Konfrontationskurs, beißen wir Eltern uns ordentlich die Zähne an ihnen aus. Da kommen wir auch mit Konsequenz nicht mehr weiter. Und über kurz oder lang bleibt sie ganz auf der Strecke.

Lassen Sie es nicht so weit kommen. Engen Sie Ihr Kind durch Ihre Regeln und Grenzen nicht zu sehr ein. Gestehen Sie ihm seinem Alter und seiner Entwicklung entsprechend Spielräume und Entscheidungsmöglichkeiten zu.

7. Konfliktscheu

Ja-Sagen ist oft viel einfacher, als konsequent auf einem Nein zu bestehen. Es geht schneller und ist viel bequemer als lange Auseinandersetzungen. Mit einem Ja retten wir unsere Feierabendruhe nach einem langen Arbeitstag ebenso wie einen Frisörtermin, wenn wir ohnehin schon unter Zeitdruck stehen. Wir verhindern dadurch, dass gerade am Wochenende der Haussegen schief hängt und die Familienlaune in den Keller sackt. Wir beruhigen damit unser schlechtes Gewissen und hoffen, endlich mal keine »Rabenmutter« zu sein. Und wir versuchen, uns damit bei unseren Kindern einzuschmeicheln, wenn die Angst vor Zurückweisung und Entfremdung zu groß wird. Gerade Väter, die selten zu Hause sind, bemühen sich – sehr zum Leidwesen der Mütter – durch großzügige Zugeständnisse Pluspunkte bei ihren Sprösslingen zu sammeln, nach dem Motto: Wenn wir uns schon so selten sehen, will ich nicht auch noch etwas verbieten. Doch wer Konflikte scheut, kann nicht konsequent sein. Er erlaubt heute etwas, was er morgen wahrscheinlich schon bereut. Heraus kommt ein Wackelkurs, der Ihrem Kind absolut nicht gut tut und mit dem Sie auf Dauer gar nichts erreichen. Finden Sie sich deshalb besser damit ab, dass Sie sich auch mal unbeliebt machen. Ohne Konflikte geht es in der Erziehung nun mal nicht. Schließlich muss Ihr Sprössling ebenfalls lernen, damit umzugehen.

Tragen Sie Ihre Konflikte miteinander aus, statt sie unter den Teppich zu kehren. Das kostet zwar manchmal Zeit, Nerven und Kraft, fördert aber die Beziehung zu Ihrem Kind. Schrecken Sie also nicht vor Auseinandersetzungen zurück. Und scheuen Sie sich nicht, Ihre Position konsequent zu vertreten. Sie können damit mehr gewinnen als verlieren – für sich selbst und vor allem für Ihr Kind.

> Ohne Konflikte geht es nicht in der Erziehung. Haben Sie also keine Scheu davor, sich auch mal unbeliebt zu machen.

Denkpause: Warum bin ich manchmal nicht konsequent genug?

Passiert es Ihnen auch ab und zu mal, dass Sie nicht so konsequent sind, wie Sie es eigentlich gern wollten? Schreiben Sie einfach in den nächsten zwei Wochen auf, wenn Ihnen so etwas passiert. Nehmen Sie diese Situationen dann etwas näher unter die Lupe. So kommen Sie vielleicht darauf, warum Ihre Konsequenz manchmal auf der Strecke bleibt.

▸ In welchen Situationen habe ich mich nicht konsequent verhalten? Waren dabei irgendwelche Besonderheiten im Spiel?

▸ Bei welchem Kind/welchen Mitmenschen bin ich oft inkonsequent?

▸ Was hat mich davon abgehalten, wirklich konsequent zu sein?

▸ Wann ist es mir am schwersten gefallen, konsequent zu bleiben?

▸ Was könnte ich tun, damit es mir leichter fällt, konsequent zu bleiben?

Konsequente Eltern
sind keine Übermen-
schen – sie haben
nur ein paar kleine
Geheimnisse.

Fazit: Das Geheimnis konsequenter Eltern

Konsequent zu sein ist eine Leistung. Das sollten wir uns ruhig einmal eingestehen. Und je nach Tagesform und Stresspegel tun wir uns alle irgendwann mal schwer damit. Geben Sie trotzdem nicht auf. Seien Sie nicht zu überkritisch mit sich selbst, und verzeihen Sie sich kleine Ausrutscher. Jeder von uns kann es schaffen – auch Sie. Schließlich sind konsequente Eltern keine Übermenschen, keine großen Helden im alltäglichen Erziehungskampf. Sie haben nur – wie Ihnen dieses Buch gezeigt hat – ein paar kleine Geheimnisse und hilfreiche Eigenschaften, um ihn besser zu meistern.

Konsequente Eltern:

▶ haben ganz konkrete Wertvorstellungen und einen festen eigenen Standpunkt;

▶ wissen genau, was sie an ihr Kind weitergeben möchten;

▶ haben ihre Erziehungsziele immer vor Augen;

▶ haben sich zusammen auf einen gemeinsamen Kurs und gemeinsame Familienwerte geeinigt und vertreten diese auch gemeinsam gegenüber ihrem Kind;

▶ sind standfest und lassen sich nicht so leicht verunsichern;

▶ vertreten ihre eigene Linie, verteidigen ihre persönlichen Grenzen und sind nicht so schnell bereit, davon abzuweichen;

▶ regeln so viel wie nötig ganz eindeutig;

▶ lassen ihrem Kind seinem Alter und seinem Entwicklungsstand gemäß so viele Entscheidungsfreiheiten wie möglich;

▶ über- und unterfordern ihr Kind nicht;

▶ sind nicht autoritär im alten Sinne, aber unnachgiebig und verbindlich;

▶ debattieren nicht endlos, sondern handeln schnell;

*Kleine Inkonsequen-
zen sind kein Grund
für Selbstzweifel.*

▸ haben keine Angst, klar und deutlich Nein zu sagen;

▸ geben ihrem Kind stets Halt, Orientierung, Geborgenheit und Sicherheit;

▸ sind liebevoll, aufmerksam und mitfühlend;

▸ nehmen sich Zeit für ihr Kind, seine Gefühle, Interessen, Bedürfnisse, Sorgen und Probleme;

▸ halten sich an das, was sie sagen, und beachten ihre eigenen Regeln und Grenzen;

▸ sind zuverlässig und berechenbar und lehnen Willkürakte ab;

▸ sind konfliktfähig und scheuen keine Auseinandersetzung mit ihrem Kind;

▸ bemühen sich, ihrem Kind ein gutes Vorbild zu sein;

▸ legen klare Konsequenzen fest und setzen diese auch durch;

▸ vermeiden Machtkämpfe mit ihrem Kind;

▸ loben oft und fördern erwünschtes Verhalten;

▸ strafen, schimpfen und schlagen nicht;

▸ geben zu, wenn sie einen Fehler gemacht haben oder ihnen mal die Nerven durchgegangen sind, und entschuldigen sich bei ihrem Kind;

▸ sind Menschen, die auch ihre schwachen Seiten und schlechten Tage haben – dies aber auch selbst wissen und offen eingestehen.

> Mit Mut, Geduld und täglichem Training können es alle Eltern schaffen, dass ihnen eine konsequente Haltung in Fleisch und Blut übergeht.

Eine lange Liste, zugegeben. Aber nichts davon ist so schwierig und ausgefallen, dass Sie es nicht auch schaffen können. Probieren Sie es aus, Schritt für Schritt, mit viel Mut, Geduld und Ausdauer. Trainieren Sie Ihre Konsequenz – jeden Tag aufs Neue. Irgendwann geht Ihnen diese Haltung in Fleisch und Blut über. Je öfter Sie sich Ihrem Kind gegenüber konsequent verhalten, desto leichter fällt es Ihnen mit der Zeit. Und desto mehr Erfolg haben Sie in Ihrer Erziehung. Am Verhalten Ihres Sprösslings werden Sie Ihre Fortschritte ablesen können. Viel Glück!

Literatur

Bastian, Till: Kinder brauchen böse Eltern. Erziehung zur Selbständigkeit, Droemer Knaur 2001.

Beil, Brigitte: Gutes Kind, böses Kind. Warum brauchen Kinder Werte?, dtv 1996.

Bergmann, Wolfgang: Gute Autorität. Grundsätze einer zeitgemäßen Erziehung, Beust 2001.

Biddulph, Steve: Das Geheimnis glücklicher Kinder, Heyne 2001.

Brenner, Mark L.: Positiv erziehen. Konsequent bleiben, ohne autoritär zu sein, Herder spektrum 2000.

Cloud, Henry/Townsend, John: Liebevoll Grenzen setzen. Durch Liebe und Konsequenz zur Selbständigkeit erziehen, Schulte & Gerth 2001.

Dreikurs, Rudolf/Grey, Loren: Kinder lernen aus den Folgen. Wie man sich schimpfen und strafen sparen kann, Herder spektrum 2000.

Dreikurs, Rudolf/Stolz, Vicki: Kinder fordern uns heraus. Wie erziehen wir sie zeitgemäß? Klett-Cotta 1996.

Elschenbroich, Donata: Weltwissen der Siebenjährigen. Wie Kinder die Welt entdecken können, Kunstmann 2001.

Frenkel, Xenia: Kindern Werte mitgeben. Worauf es ankommt und wie es gelingt, Herder spektrum 1998.

GEO: Was ist die ideale Erziehung? Neue Forschungen: Was Eltern besser machen können, April 2002.

Gordon, Thomas: Familienkonferenz. Die Lösung von Konflikten zwischen Eltern und Kind, Heyne 1989.

Haas, Werner: Der alltägliche Erziehungskampf, Rowohlt 1992.

Honkanen-Schoberth, Paula: Starke Kinder brauchen starke Eltern. Der Elternkurs des Deutschen Kinderschutzbundes, Urania/Ravensburger 2002.

Hurrelmann, Klaus/Unverzagt, Gerlinde: Kinder stark machen für das Leben. Herzenswärme, Freiräume, klare Regeln, Herder spektrum 2000.

Käßmann, Margot: Erziehen als Herausforderung, Herder spektrum 2001.

Kast-Zahn, Annette: Jedes Kind kann Regeln lernen, Oberstebrink 1997.

Murphy-Witt, Monika: Spielerisch im Gleichgewicht, Christophorus 2000.

Nitsch, Cornelia/von Schelling, Cornelia: Kindern Grenzen setzen – wann und wie? Mosaik 1998.

Pfeifer, Annemarie: Erziehen mit Liebe und Konsequenz, Oncken 2000.

Phillips, Asha: Eltern müssen NEIN sagen. Richtig Grenzen setzen, vgs 2001.

Rogge, Jan-Uwe: Kinder brauchen Grenzen, Rowohlt 1993.

Zimmer Katharina: Widerstandsfähig und selbstbewusst. Kinder stark machen fürs Leben, Kösel 2002.

Stamer-Brandt, Petra/Murphy-Witt, Monika: Das Erziehungs-ABC. Von Angst bis Zorn, Gräfe und Unzer 2002

Wißkirchen, Hubert: Die heimlichen Erzieher, Kösel 2002.

Adressen

Informationen zum Thema Erziehung:

▸ Arbeitskreis Neue Erziehung e.V., Boppstr. 10, 10967 Berlin, www.ane.de.

▸ Bundeskonferenz für Erziehungsberatung e.V., Herrnstr. 53, 90763 Fürth, www.bke.de/ratsuchende.htm (Adressen von Erziehungs-beratungsstellen bundesweit).

▸ Deutsche Liga für das Kind, Chausseestr. 17, 10115 Berlin, www.liga-kind.de.

▸ Mütterzentren Bundesverband e.V., Müggenkamp 30 a, 20257 Hamburg, www.muetterzentren-bv.de.

Elterntrainingsprogramme:

▸ »Starke Eltern – starke Kinder«-Kurse bietet an: Deutscher Kin-derschutzbund Bundesverband e.V., Schiffgraben 29, 30159 Hanno-ver, www.kinderschutzbund.de.

▸ »Triple-P«-Kurse und Materialien vermittelt das PAG Institut für Psychologie AG, Nordstr. 22, 48149 Münster, www.triplep.de.

▸ »InSTEP-Elterntraining«, ein auf den Lehren von Rudolf Dreikurs basierendes Konzept, gibt es über Ronana Petcov, Tel. 0211/4228727, www.instep-online.de.

Informationen im Internet:

www.eltern.de   Homepage der Zeitschrift »Eltern« und »Eltern for family«.

www.familie.de   Homepage der Zeitschrift »Familie & Co«.

www.familie-deutschland.de   Informationsangebot der Bundes-regierung.

www.familienhandbuch.de   Hilfestellung in Erziehungsfragen.

www.family-line.de   Portal für Familienthemen .

www.hallofamilie.de   Linksammlung für Eltern.

www.kidnet.de   Familienportal.

www.vitawo.de   Portal für Eltern und Erzieherinnen.

Register

Der Illustrator

Christian Weiß ist Diplomdesigner und Volljurist. Seine Kunst ist weltweit im Werbe - und Designbereich vertreten. Unter anderem arbeitet er für die bekannte Ritzenhoff-Kollektion. Aktuell wurde er mit dem Red-Dot-Award ausgezeichnet, ei-nem der führenden internationalen Design-Wettbewerbe, um den sich jährlich 5000 Einsender aus 38 Ländern bewerben. Mehr Info über den Künstler unter: www.christianweiss.de

Bildnachweis

Südwest Verlag München U1 li (Imageshop); Zefa Düsseldorf U1 re (Allofs)
Illustrationen: Christian Weiß

Impressum

Der Südwest-Verlag ist ein Unternehmen der Ullstein Heyne List GmbH & Co. KG

© 2003 Ullstein Heyne List GmbH & Co. KG, München
Alle Rechte vorbehalten. Nachdruck – auch auszugsweise – nur mit Genehmigung des Verlags.

Redaktion: Gernot Geurtzen
Redaktionsleitung: Nina Andres

Umschlagkonzeption und Innenlayout: Lohmüller Werbeagentur, Berlin
DTP/Satz: Mihriye Yücel
Produktion: Angelika Kerscher, Gabriele Kutscha

Druck und Bindung
Alcione, Trento

Gedruckt auf chlor- und säurearmem Papier

ISBN 3-517- 06676-1